応用自在な調理の基礎
フローチャートによる系統的実習書

中国料理篇

川端晶子・澤山　茂
編　著

永島伸浩・阿久澤さゆり
鈴野弘子
共　著

建帛社
KENPAKUSHA

本書は，家政教育社から1998年に刊行された書籍です。2018年より
㈱建帛社が引き継いで発行することとなりました。

は　し　が　き

　飽食の時代と言われて数年を経過している。高齢化が進む中で健康的で安全な食生活志向が語られているが，一方では利便志向も現代人の食生活には欠かせない。また，味覚の高品質化と多様性志向が求められつつ，本物で高級な味，手作りの味や自然な味も求められている。

　21世紀の私たちの健康的な食生活に対して，このような急激な変化は，果たして正しい道しるべとなり得るのであろうか。

　四千有余年の歴史とともに存在する中国料理は，南北東西にわたる気候風土の異なる広大な国土とともに発達してきた。清の時代に集大成され，更に長い歴史と文化の流れの中で培われ世界に冠たる食文化として認められている。現在の中国料理は，清朝時代に隆盛を極めたが，陰陽思想，易の思想，王道思想などが民族の根本思想となっており，複雑な背景を持っている。中国の食の文化・伝統を形成してきたのは，漢民族によるところが大きい。その背景には漢民族以外の多くの少数民族が，伝統の主要な構成要素である作物や様々な調理技術を豊富にしていることも見逃せない。更に近くて遠い隣国である中国の食文化は，遣唐使の時代，禅宗渡来の時代，日明貿易の時代，江戸時代と，それぞれの時代において日本の食文化にも影響を与えてきた。

　私たちは，さきに「応用自在な調理の基礎─系統的調理実習書」を目標に，世界の調理文化の三つの主流に従って，日本・中国・西洋料理の三部作を企画し，日本，西洋料理篇を既に世に送ったが，本書はその最終作である「中国料理篇」として編集したものである。調理のコツを系統的に把握し，料理のレパートリーが広がるように，体系的な調理を学習させることを目標に置いている。

　広大な中国は，南は熱帯から北は寒帯まで広がっているので，素材となる産物は多種多様である。また，前述したように少数国家・民族による地方独特の料理が発達する要素を備えていて複雑である。従って中国料理は，地域的に大別して四大系統に分類されるのが一般的であるが，本書では食文化の原点としての調理を料理構造（食材料と調理法の組み合わせ）の観点からとらえることを目的とするために，主に調理工程別に編集されているが，応用自在な献立を立てる上でも十分役立つよう努めた。フローチャートを駆使した前二篇の実習書は，受講学生の興味と関心は予想以上に高く，調理をより科学的に思考し，応用自在な調理へと活用が広がっているように感じる。

　本書が，日本，西洋料理篇に引き続き，系統的な調理実習のテキストとして，少しでもお役に立つことができればと願っている。

　おわりに，出版にあたり，長年にわたり献身的なご努力，ご配慮をいただいた家政教育社社長，ならびに編集部の方々にお礼申し上げます。

　1998年10月

編著　川　端　晶　子
澤　山　　茂

目　　次

はじめに …………………………………………………………………………………………1

Ⅰ　序　論 ……………………………………………………………………………………11

1．中国料理とは ……………………………………………………………………………11

1・1　中国料理の特徴 ……………………………………………………………………11

1・2　中国料理生成発展の背景 …………………………………………………………11

1・3　中国の四大料理の特徴 ……………………………………………………………15

2．調理実習のはじめに ……………………………………………………………………17

2・1　調理とは ………………………………………………………………………………17

2・2　調理実習とは …………………………………………………………………………17

2・3　調理実習の目的 ………………………………………………………………………17

2・4　応用自在な調理の基礎とは …………………………………………………………17

2・5　中国料理様式の調理のブロックダイアグラム …………………………………17

3．フローチャートによる系統的調理実習 ………………………………………………19

3・1　フローチャートとは …………………………………………………………………19

3・2　フローチャートの特徴 ………………………………………………………………19

3・3　フローチャートの基本形 ……………………………………………………………19

3・4　調理操作のフローチャート化とは …………………………………………………20

4．本書の利用法 ………………………………………………………………………………22

4・1　本書の構成 ……………………………………………………………………………22

4・2　本書の利用にあたって ………………………………………………………………23

5．調理実習の実際 ……………………………………………………………………………23

5・1　実習に先立って ………………………………………………………………………23

5・2　実習中 …………………………………………………………………………………23

5・3　試食と実習後の整理整頓 ……………………………………………………………23

5・4　記　録 …………………………………………………………………………………24

6．調理実習の評価法 …………………………………………………………………………24

6・1　献立構成の評価のポイント …………………………………………………………24

6・2　調理技術の評価のポイント …………………………………………………………24

4

Ⅱ　調理の基本‥‥‥‥‥‥‥‥‥‥‥‥‥‥‥‥‥‥‥‥‥‥‥‥‥‥‥‥‥‥‥‥‥‥25

　1．調理材料の知識‥‥‥‥‥‥‥‥‥‥‥‥‥‥‥‥‥‥‥‥‥‥‥‥‥‥‥‥‥25

　　1・1　主な中国野菜‥‥‥‥‥‥‥‥‥‥‥‥‥‥‥‥‥‥‥‥‥‥‥‥‥‥25

　　1・2　主な特殊材料‥‥‥‥‥‥‥‥‥‥‥‥‥‥‥‥‥‥‥‥‥‥‥‥‥‥27

　　1・3　調味料‥‥‥‥‥‥‥‥‥‥‥‥‥‥‥‥‥‥‥‥‥‥‥‥‥‥‥‥‥30

　　1・4　香辛料‥‥‥‥‥‥‥‥‥‥‥‥‥‥‥‥‥‥‥‥‥‥‥‥‥‥‥‥‥31

　　1・5　食品材料・調味料および香辛料の容積と重量‥‥‥‥‥‥‥‥‥‥‥36

　2．調理器具‥‥‥‥‥‥‥‥‥‥‥‥‥‥‥‥‥‥‥‥‥‥‥‥‥‥‥‥‥‥‥37

　　2・1　包　丁‥‥‥‥‥‥‥‥‥‥‥‥‥‥‥‥‥‥‥‥‥‥‥‥‥‥‥‥‥37

　　2・2　まな板‥‥‥‥‥‥‥‥‥‥‥‥‥‥‥‥‥‥‥‥‥‥‥‥‥‥‥‥‥37

　　2・3　鍋　類‥‥‥‥‥‥‥‥‥‥‥‥‥‥‥‥‥‥‥‥‥‥‥‥‥‥‥‥‥38

　　2・4　その他の調理器具‥‥‥‥‥‥‥‥‥‥‥‥‥‥‥‥‥‥‥‥‥‥‥‥38

　3．下調理‥‥‥‥‥‥‥‥‥‥‥‥‥‥‥‥‥‥‥‥‥‥‥‥‥‥‥‥‥‥‥‥40

　　3・1　特殊材料（乾貨）のもどし‥‥‥‥‥‥‥‥‥‥‥‥‥‥‥‥‥‥‥40

　　3・2　包丁法‥‥‥‥‥‥‥‥‥‥‥‥‥‥‥‥‥‥‥‥‥‥‥‥‥‥‥‥‥41

　　3・3　下ゆで‥‥‥‥‥‥‥‥‥‥‥‥‥‥‥‥‥‥‥‥‥‥‥‥‥‥‥‥‥44

　　3・4　糊がけ・下味付け‥‥‥‥‥‥‥‥‥‥‥‥‥‥‥‥‥‥‥‥‥‥‥44

　　3・5　成形・調味・油通し‥‥‥‥‥‥‥‥‥‥‥‥‥‥‥‥‥‥‥‥‥‥45

　4．加熱調理‥‥‥‥‥‥‥‥‥‥‥‥‥‥‥‥‥‥‥‥‥‥‥‥‥‥‥‥‥‥47

　　4・1　油を熱媒体とする調理‥‥‥‥‥‥‥‥‥‥‥‥‥‥‥‥‥‥‥‥‥47

　　4・2　水を熱媒体とする調理‥‥‥‥‥‥‥‥‥‥‥‥‥‥‥‥‥‥‥‥‥49

　　4・3　蒸気を熱媒体とする調理‥‥‥‥‥‥‥‥‥‥‥‥‥‥‥‥‥‥‥‥50

　　4・4　空気を熱媒体とする調理‥‥‥‥‥‥‥‥‥‥‥‥‥‥‥‥‥‥‥‥51

　　4・5　仕上げ調理‥‥‥‥‥‥‥‥‥‥‥‥‥‥‥‥‥‥‥‥‥‥‥‥‥‥52

　　4・6　冷菜の調理‥‥‥‥‥‥‥‥‥‥‥‥‥‥‥‥‥‥‥‥‥‥‥‥‥‥53

Ⅲ　冷菜・前菜‥‥‥‥‥‥‥‥‥‥‥‥‥‥‥‥‥‥‥‥‥‥‥‥‥‥‥‥‥‥‥55

　1．冷菜・前菜の基礎理論‥‥‥‥‥‥‥‥‥‥‥‥‥‥‥‥‥‥‥‥‥‥‥‥55

　　1・1　冷菜とは‥‥‥‥‥‥‥‥‥‥‥‥‥‥‥‥‥‥‥‥‥‥‥‥‥‥‥55

　　1・2　冷菜の分類‥‥‥‥‥‥‥‥‥‥‥‥‥‥‥‥‥‥‥‥‥‥‥‥‥‥55

　　1・3　前菜とは‥‥‥‥‥‥‥‥‥‥‥‥‥‥‥‥‥‥‥‥‥‥‥‥‥‥‥55

　　1・4　拼盤に用いられる材料と特殊な調味法‥‥‥‥‥‥‥‥‥‥‥‥‥‥55

　2．各種冷菜・前菜の実習‥‥‥‥‥‥‥‥‥‥‥‥‥‥‥‥‥‥‥‥‥‥‥‥58

　　A．什錦小拼〈シィ ジン シヤオ ピン〉（数種盛り合わせた冷前菜）‥‥‥‥58

　　B．涼拌海蜇〈リヤン バン ハイ ヂョオ〉（くらげの酢の物)‥‥‥‥‥‥‥60

目　次　5

　　C．辣白菜〈ラァ バイ ツァイ〉（白菜の辛み漬け）……………………………60

　　D．棒棒鶏〈バン バン ジィ〉（鶏肉のとうがらしごま和え）………………62

　　E．涼拍黄瓜〈リャン パイ ホワン ゴワ〉（たたききゅうりのしょうゆごま油かけ）………64

　　F．涼拌魷魚〈リャン バン イウ ュィ〉（いかの和え物）……………………64

　　G．叉焼肉〈チァア シャオ ロウ〉（焼き豚）………………………………66

　　H．燻　鶏〈シュン ジィ〉（鶏のいぶし焼き）………………………………68

IV　炒　菜……………………………………………………………………………70

　1．炒菜の基礎理論……………………………………………………………70

　　1・1　炒菜とは………………………………………………………………70

　　1・2　炒菜の分類……………………………………………………………70

　　1・3　炒菜の調理上のポイント…………………………………………………70

　2．炒菜の実習…………………………………………………………………72

　　A．波羅肝片〈ブォルオ ガン ピエン〉（パイナップルとレバーの炒め物）………72

　　B．生炒素什錦〈ション チァオ スゥ シィ ジン〉（数種の野菜炒め）…………74

　　C．青椒牛肉絲〈チン ジヤオ ニュウ ロウ ス〉（ピーマンと牛肉の油炒め）………76

　　D．宮保鶏丁〈ゴン バオ ジィ ディン〉（鶏肉とピーナッツの油炒め）………78

　　E．芙蓉蟹〈フゥ ロン シエ〉（かに玉）……………………………………80

　　F．青豆蝦仁〈チン ドウ シヤ レン〉（青豆とえびの炒め煮）…………………80

　　G．乾煸牛肉絲〈ガン ビエン ニュウ ロウ ス〉（牛肉の細切りの炒め物）………82

　　H．葱爆肝片〈ツォン バオ ガン ピエン〉（豚レバーとねぎの炒め物）………82

　　I．賽蟹黄〈サイ シエ ホワン〉（白身魚の卵黄炒め）………………………84

　　J．魚香茄子〈ュィ シヤン チエ ズ〉（揚げなすの魚香風味）………………84

　　K．蝦仁豆腐〈シヤ レン ドウ フゥ〉（えびと豆腐の炒め物）………………86

　　L．木犀肉〈ムゥ シィ ロウ〉（豚肉と卵の炒め物）…………………………86

V　炸　菜……………………………………………………………………………88

　1．炸菜の基礎理論……………………………………………………………88

　　1・1　炸菜とは………………………………………………………………88

　　1・2　炸菜の分類……………………………………………………………88

　　1・3　炸菜の調理上のポイント…………………………………………………88

　　1・4　二度揚げの利用………………………………………………………88

　　1・5　揚げ油の処理…………………………………………………………88

　2．炸菜の実習…………………………………………………………………90

　　A．炸子鶏〈ヂァア ズ ジィ〉（若鶏の骨付き空揚げ）………………………90

B．蟹粉蛋捲〈シエ フェン ダン ジュアン〉（かにの巻き揚げ）……………………92

C．高麗魚條〈ガオ リィ ュィ ティヤオ〉（白身魚の卵白衣揚げ）……………………94

D．三夾茄抉〈サン ジャ チエ ユワイ〉（なすの挟み揚げ）………………………96

E．紙包牛肉〈ヂィ バオ ニュウ ロウ〉（牛肉の紙包揚げ）………………………96

F．炸芝麻蝦〈ヂャア ヂィ マァ シャ〉（えびのパン揚げ）………………………98

G．生炸帯子〈ション ヂャア ダイズ〉（ほたて貝の衣揚げ）………………………98

H．金銭肉〈ジン チエン ロウ〉（豚肉の金銭揚げ）……………………………100

I．白油烘蛋〈バイ イウ ホン ダン〉（卵焼きの揚げ物）………………………100

J．百花鮮帯子〈バイ ホワ シエン ダイ ズ〉（ほたて貝の挟み揚げ）……………102

VI 溜菜・燴菜 ……………………………………………………………………104

1．溜菜・燴菜の基礎理論 ………………………………………………………104

1・1 溜菜・燴菜とは ……………………………………………………………104

1・2 溜菜・燴菜の分類 …………………………………………………………104

1・3 調理上のポイント …………………………………………………………104

1・4 あんの種類 …………………………………………………………………104

2．溜菜・燴菜の実習 ……………………………………………………………106

A．咕咾肉〈グゥ ラオ ロウ〉（酢豚）……………………………………………106

B．糖醋鯉魚〈タン ツゥ リィ ュィ〉（こいの丸揚げ甘酢あんかけ）……………108

C．奶油白菜〈ナイ イウ バイ ツァイ〉（白菜のミルク煮込み）………………110

D．蠔油鮑脯〈ハオ イウ バオ フゥ〉（あわびの白ソース煮）…………………110

E．軟溜丸子〈ロワン リュウ ワンズ〉（肉団子の甘酢あんかけ）………………112

F．金銭冬菇〈ジン チエン ドン グゥ〉（生しいたけの詰め物くずあんかけ）…………114

G．口蘑豆腐〈コウ モォ ドウ フゥ〉（ふくろたけと豆腐のあんかけ）…………114

H．素糖醋排骨〈スゥ タン ツゥ パイ グゥ〉（厚揚げの甘酢あんかけ）…………116

VII 焼菜・煨菜 ……………………………………………………………………118

1．焼菜・煨菜の基礎理論 ………………………………………………………118

1・1 焼菜・煨菜とは ……………………………………………………………118

1・2 焼菜・煨菜の分類 …………………………………………………………118

1・3 調理上のポイント …………………………………………………………119

2．焼菜・煨菜の実習 ……………………………………………………………120

A．紅燜鳳翼〈ホン メン フォン イ〉（手羽肉のしょうゆ煮込み）………………120

B．乾燒明蝦〈ガン シャオ ミン シャ〉（殻付き車えびのからし入り炒め煮）……122

C．葱燒海参〈ツォン シャオ ハイ シェン〉（なまこのねぎ風味炒め煮）………124

目　次　7

D．紅焼魚翅〈ホン シャオ ユィ チィ〉（ふかひれのしょうゆ煮）……………………………126

E．鶏翅黄豆〈ジィ チィ ホワン ドゥ〉（鶏の手羽先と大豆のしょうゆ煮込み）……………128

F．栗子白菜〈リィ ズ バイ ツァイ〉（栗と白菜の煮込み）………………………………………128

G．紅焼茄子〈ホン シャオ チエ ズ〉（なすのひき肉挟みしょうゆ煮）………………………130

H．羅漢斎〈ルオ ハン ヂャイ〉（野菜の炒め煮）…………………………………………………130

I．紅焼獅子頭〈ホン シャオ シィ ズ トゥ〉（大きな肉団子のしょうゆ煮）………………132

J．麻婆豆腐〈マァ ボォ ドゥ フゥ〉（ひき肉と豆腐のとうがらし炒め）……………………134

K．紅煨蘿蔔〈ホン ウェイ ルオ ボォ〉（だいこんの煮付け）…………………………………136

L．蕃茄牛腩〈ファン チエ ニュウ フゥ〉（トマトと牛肉の煮込み）…………………………136

VIII　蒸菜 ……………………………………………………………………………………………………138

1．蒸菜の基礎理論 ……………………………………………………………………………………138

1・1　蒸菜とは ………………………………………………………………………………………138

1・2　蒸菜の分類 ……………………………………………………………………………………138

1・3　調理上のポイント ……………………………………………………………………………138

2．蒸菜の実習 …………………………………………………………………………………………140

A．真珠丸子〈ヂェン ヂュウ ワン ズ〉（豚ひき肉のいがぐり蒸し）…………………………140

B．清蒸魚〈チン ヂョン ユィ〉（魚の姿蒸し）……………………………………………………142

C．蒸東坡肉〈ヂョン ドン ポォ ロウ〉（豚の角煮風蒸し物）…………………………………144

D．粉蒸牛肉〈フェン ヂョン ニュウ ロウ〉（牛肉の米粉蒸し）………………………………146

E．清蒸青花魚〈チン ヂョン チン ホワ ユィ〉（さばの姿蒸し）……………………………146

F．清燉白菜〈チン ドゥン バイ ツァイ〉（白菜のスープ蒸し）………………………………148

G．一品豆腐〈イ ピン ドゥ フゥ〉（裏ごし豆腐の蒸し物）……………………………………148

IX　湯菜 ………………………………………………………………………………………………………150

1．湯菜の基礎理論 ……………………………………………………………………………………150

1・1　湯菜とは ………………………………………………………………………………………150

1・2　湯菜の分類 ……………………………………………………………………………………150

1・3　調理上のポイント ……………………………………………………………………………151

2．湯菜の実習 …………………………………………………………………………………………152

A．清　湯〈チン タン〉（家庭的な湯の作り方①）………………………………………………152

B．奶　湯〈ナイ タン〉（家庭的な湯のもとの作り方②）………………………………………152

C．搾菜肉片湯〈ヂャア ツァイ ロウ ピェン タン〉（搾菜と豚肉の薄切りスープ）…………154

D．蘿蔔酥肉湯〈ルオ ボォ スゥ ロウ タン〉（だいこんと揚げ豚肉の煮込み汁）…………154

E．豆腐丸子湯〈ドゥ フゥ ワン ズ タン〉（豆腐団子のスープ）………………………………156

F．玉米湯〈ユィ ミィ タン〉（とうもろこしのスープ）……………………156

G．三絲魚翅〈サン ス ユィ チィ〉（三種絲切りふかひれスープ）……………158

H．三鮮湯〈サン シエン タン〉（三種せん切り入りスープ）……………158

I．清湯燕窩〈チン タン イエン ウオ〉（つばめの巣のスープ）……………160

J．蕃茄蛋花湯〈ファン チエ ダン ホワ タン〉（溶き卵とトマトのスープ）……………160

X 点心・甜菜 ……………162

1．点心の基礎理論 ……………162

1・1 点心とは ……………162

1・2 点心の分類 ……………162

1・3 甜菜とは ……………162

1・4 小吃と飲茶 ……………162

2．点心・甜菜の実習 ……………164

A．涼拌麺〈リヤン バン ミエン〉（冷やし中華そば）……………164

B．担担麺〈ダン ダン ミエン〉（四川風屋台そば）……………166

C．什錦炒飯〈シィ ジン チャオ ファン〉（五目チャーハン）……………168

D．魚生粥〈ユィ ション ヂョウ〉（魚肉の具入りかゆ）……………170

E．粽 子〈ゾン ズ〉（ちまき）……………172

F．鍋貼餃子〈グオ ティエ ジヤオ ズ〉（餃 子）……………174

G．抜絲山薬〈バァ ス シャン ヤオ〉（揚げ山芋のあめからませ）……………176

H．乳奶豆腐〈ルゥ ナイ ドウ フゥ〉（牛乳かん）……………178

I．開口笑〈カイ コウ シヤオ〉（白玉団子のごま揚げ）……………180

J．春 巻〈チュン ジュアン〉（はるまき）……………182

K．八宝飯〈バァ バオ ファン〉（もち米の飾り蒸し菓子）……………184

L．鶏蛋糕〈ジィ ダン ガオ〉（蒸しカステラ）……………186

M．花 巻〈ホワ ジュアン〉（花形の蒸しパン）……………186

N．春 餅〈チュン ビン〉（中華風クレープ）……………188

XI 薬膳料理 ……………191

1．薬膳とは（意味）……………191

2．薬膳の歴史 ……………191

3．薬膳の理論 ……………192

3・1 食物の性質と作用 ……………192

3・2 各個人の体質（証）の弁別 ……………194

3・3 食物と各人の証と調理法について ……………196

目　次　9

　　3・4　自然界の四季と薬膳 ………………………………196

4．薬膳料理の実際 ………………………………………197

　A．葱薑海鮮粥〈ツォン ジヤン ハイ シエン ヂョウ〉（しょうがとねぎのかゆ）………197

　B．枸杞子粥〈ゴウ チィ ズ ヂョウ〉（クコかゆ）………………………197

XⅡ　献立構成と食卓の演出法 ………………………………198

　1．献立構成 ……………………………………………198

　　1・1　献立とは …………………………………………198

　　1・2　献立構成とその内容 ………………………………198

　　1・3　献立の食品構成と食味構成の特徴 ……………………203

　2．食卓の演出法 …………………………………………205

XⅢ　中国料理のおいしさの特徴と表現用語 …………………206

　1．味　覚 ………………………………………………206

　2．触　覚 ………………………………………………207

　3．嗅　覚 ………………………………………………207

　4．視　覚 ………………………………………………208

　5．聴　覚 ………………………………………………210

　6．その他 ………………………………………………210

索　引 ……………………………………………………212

　料理名 …………………………………………………212

　調理用語 ………………………………………………213

I 序 論

1. 中国料理とは

1・1 中国料理の特徴

　中国ではおよそ3,000年前に既に料理についての記録が残されているように，古くから人々の食に対する関心は深く，民族的な特色を持った豊かな料理文化を作り出している。中国料理の特徴は，人々の心に深く根を下ろしている不老長寿の思想によるところが大きい。「医食同源」「薬食一如」という言葉どおり，食べ物それぞれに薬効を求め，食を通じて健康の維持と増強を図ろうとする考え方が根強く生きている。

　中国は広大な地域にまたがり，地理的な条件によって気候風土などの自然環境に著しい差がある。これらの地域の様々な料理を中国料理と総称するが，その内容は非常に多彩である。中国料理は長い歴史と文化の流れの中で培われながら，清の時代に集大成され世界に冠たる食文化へと発展した。今や地球の至る所で中国料理が食べられるようになり，広く世界の味として多くの人々に愛されている。

1・2 中国料理生成発展の背景

　中国食生活における中国料理生成発展の背景[1]を時代区分に従って図 I - 1 に示した。

1) 古 代

　中国は長い歴史の間に何回となく異民族の征服を受けて王朝が入れ替わったが，異民族は，漢民族文化の中にほとんど溶け込み，漢文化として統合されてきた。中国料理も同様で，新石器時代の仰韶文化に源を発し，外来の食物と調理法を取り込み，進歩を重ねて今日に至っている。殷王朝は優れた青銅器文化を持ち，占いや祭祀が盛んであったが，供え物の料理や食物を青銅器，陶器，木器などに盛った。この時代に，飲食用の容器に使用されたと思われる青銅器《饕餮怪獣文方形盉》（現在，東京根津美術館蔵）があるが，このような精巧なものが現れたことは，中国の食物がこの時代にかなり高度な技術を持っていたことを物語っている。周王朝も銘文が刻まれた精巧な青銅器，陶器，木器などに食物を盛り，盛んに祭祀を行っていた。宴席，飲食，料理の図柄が東周の装飾銅器に出現するが，これらによって当時の食生活の一端を知ることができる。料理が神や祖先への供物とし祭祀に占める割合は非常に大きかった。周礼[2]の中に＜割烹＞という言葉が見られるが，各種材料を切り，煮合わせる意味で料理を指している。しかし，後世中国料理が最も得意とする＜炒め＞の技法はまだ現れていない。この当時は羹＜ゴン＞が最も重要な料理であった。主な調理法は煮＜ヂュウ＞（水煮），

---

(1) 川端晶子：献立概論，医歯薬出版（株），p. 35〜40，1971.
(2) 周礼：儒家の経典の一つであり，三礼の一つである。周代の官制を記した書である。
＊ 本書における中国語のルビは中山時子監修『中国食文化事典』に準拠した。

蒸＜ヂョン＞（蒸す），烤＜カオ＞（直火焼き），燉＜ドゥン＞（スープ蒸し），醃＜イェン＞（塩漬け），晒乾＜シャイ ガン＞（日干し）であった。礼記[3]の内則には，古代の料理の描写と調理法が記載され，老人のための料理の八つの調理法も詳しく記されている。《論語》[4]，《孟子》[5]，《墨子》[6]の中で，料理や飲食に関する事柄が頻繁に出ている。

周の時代の代表的な人は，儒教の開祖としての孔子であるが，孔子に続いて諸子百家と呼ばれる諸学派，思想家が輩出し，学問は庶民の間にも普及した。孔子の言葉の＜美味求心＞や＜五味調和百香＞などは調理の神髄を示す名言として，今もなお，料理研究家の座右の名とされている。こうして，その後漢の時代における調理には，特に大発展を遂げるほどの要素は見当たらない。

2） 中 世

三国時代を経て，晋の王室が南渡して東晋が成立するが，江南の風土と融合し，独自の新しい貴族文化を作り上げた。六朝時代と呼ばれる三国の呉，東晋，南朝の宗，斉，梁，陳の六つの王朝の下で開花した文化のもとに各種の食経（料理書）が出版されたが，農業技術書《斉民要術》[7]には，調味料，食品加工・料理法が記述されている。この時期に蘇・浙料理（揚子江下流および東南沿岸地方の料理）の素地が培われた。唐の時代になってからは，内治が整い，外征にも効を治めて，貞観の治と言われるように中国の歴史の中で最も栄えた王朝の一つで，泰平が続き産業も発達した。日本が諸制度を学ぶために遣唐使を送ったのはこの時代であった。唐時代の終わりに，陸羽の撰による《茶経》が出版され，茶の歴史や製法，器具などについて述べられているが，飲茶の風習が生活に取り入れられた。また，窯業が盛んとなり，青，黄，白色の釉薬を用いた三彩陶器なども作られ，これが食卓を飾り料理を豪華なものとした。西域ルートも開け，西域諸国やインドその他からの移入品も加わり，異国情緒も折り込まれて，都市の特定地域では酒楼，茶坊，技亭などが富裕な商人の支持を得て繁盛し，中世における中国料理の黄金時代を作り出したのであるが，当時の料理は宮廷および王侯貴族の中で爛熟したもので，一般庶民への浸透は少なく，むしろ特権階級のものであった。

3） 近 世

統一国家の唐が滅びた後，五代と呼ぶ武人支配の一時期を迎え，地方の開発に力を注いだので，唐時代の文化が各地に普及した。五代国家に次ぐ統一国家は宋であり，文治政策によって精神思想の上に独特の発展を見，《宋学》[8]という儒教哲学が生まれた。唐時代までは特権階級のものであった生活文化は，宋時代以後，商工業の発達に伴い大衆層にまで幅広く浸透し，泰平ムードの中で中国料理は広く発展していった。蘇・浙料理は大衆の支持の下に飛躍的に発展普及し，今日の基盤を作った。モンゴル族が異民族としてはじめて中国全土を征服・支配したのは元朝である。この時代の料理は支

---

(3) 礼記：儒家の経典で，五経の一つであり，礼についての解説，理論を述べたものである。
(4) 論語：中国の思想家である孔子とその弟子たちの言行録である。
(5) 孟子：孔子の思想を継承した孟子とその弟子たちが編纂した書である。
(6) 墨子：墨家の始祖，墨子が説いた十大主義をはじめ，後期墨家の論理学的思惟を記した思想書。
(7) 斉民要術：北魏の賈思勰の撰による中国古来の基本的農書を集大成したもの。
(8) 宋学：宋の時代に確立した新しい儒学。

配民族モンゴル人の特徴が現れ，羊肉などの遊牧色に染まった料理で，単純な焼く料理が主流を占めた。しかし，政権内部の分裂と漢民族のモンゴル人政権に対する激しい反感が爆発し，ついに元朝を北方に駆逐し，漢人の王朝を創設したのが明王朝である。料理書は数多く出版されたにもかかわらず，独創的な料理書が少ないと言われている。地方料理が開発された時代である。また，中国料理と密接な関係にある薬草に関する研究試料を集大成した李時珍の《本草綱目》[9]が出版されたのもこの時代で，料理と薬草の結び付きが強調され，中国料理の栄養的・保健的価値を高める基盤となった。中国歴代の王朝にとって，常に驚異の禍根であった満州，モンゴリア，チベットなど支配下に入れた清が，明に代わって王朝となったこの時代には，一段と産業が発達し，中国経済は空前の活況を呈した。特に，揚子江下流の江蘇，浙江地方，並びに広東域には財閥が輩出した。食に対する欲望は次第に高まり料理は隆盛を極め，商工業の中心地である都市では富裕階級である商人の間に，高級料理が歓迎され，次第に料理の技術も向上した。清の時代における料理界の特徴は従来王侯貴族などの特権階級のものであった料理が，一般庶民の中に浸透していったことであるが，もう一つ，この時代の料理の興隆について見逃せないことは，乾隆皇帝が特に料理に深い関心を寄せ，大食通家であったことで，その影響は大きく，北京はもとより全国の料理はすばらしい発展ぶりを示した。清の宮廷料理から生まれた＜満漢全席＞という三日三晩にわたる長宴スタイルを創出した。料理書として有名な《随園食単》は，乾隆年間に袁枚によって書かれたものである。

4） 現 代

1912年，民主共和制の中華民国が出現したが，その後1949年以降は分裂し，大陸には中華人民共和国が成立し，台湾には中華民国ができた。中共治下になってからは，政府が率先して料理の大衆化を企て，各地の有名菜館を国営に移して，民衆に開放するとともに全国各都市の有名菜館，一流料理人に呼び掛けて，料理秘伝の公開をさせた。古今の名菜譜とその秘伝を官民合作で公開すべく，1962年から1965年にかけて，11輯を刊行した。これが有名な中国名菜譜であり，料理の大衆化が促進された。一方，清時代末から諸外国へ華僑によって運ばれた中国料理は，近年一層，欧米諸国でその流行をみ，日本にも高級中国料理が多量に移入され興隆をみている。

表 I － 1　中国名菜譜の内容

第一輯	北京特殊風味	第七輯	四川名菜点心
第二輯	北京名菜点心之一	第八輯	江蘇，浙江名菜点心
第三輯	北京名菜点心之二	第九輯	上海名菜点心
第四輯	広東名菜点心之一	第十輯	福建，江西，安徽名菜点心
第五輯	広東名菜点心之二	第十一輯	云南，貴州，広西名菜点心
第六輯	山東名菜点心		

---

[9]　本草綱目：明の医学者，李時珍の著によるもので，1890種の薬物を動植物といった分類に従い，解説を行っている。

14

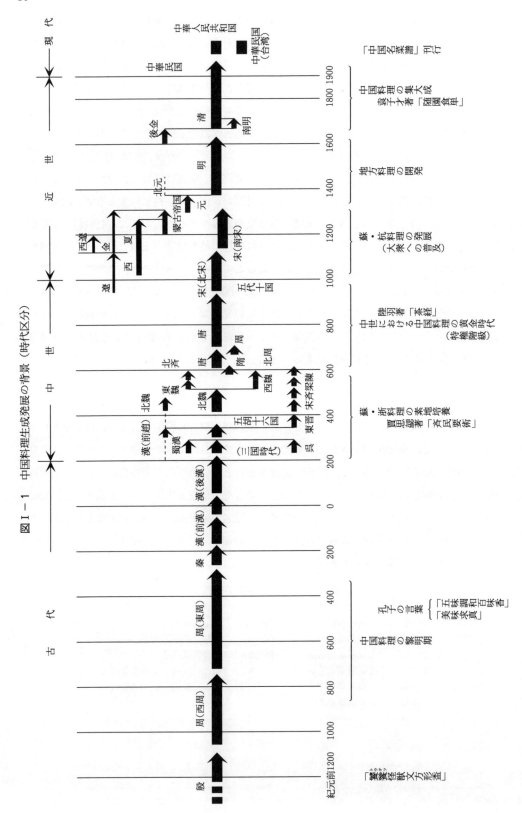

図Ⅰ-1　中国料理生成発展の背景（時代区分）

1・3　中国の四大料理の特徴

　広大な中国は気候風土や歴史，文化などの影響を受けて各地それぞれに特色を持った料理が創り出されている。これらの地域による料理の系統と名称を図Ⅰ-2に示した。地域的な観点から大別すると，北方系と南方系の二つがあり，材料面からは海の幸を主体とした東方系と，山の幸を主体とした西方系の二つがあり，合計四大系統に分けられている。

図Ⅰ-2　中国の四大料理系統の代表的料理

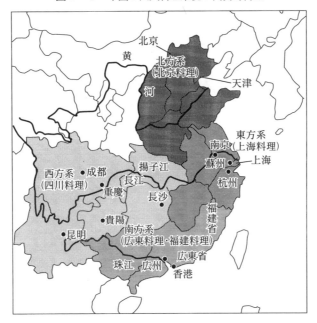

1）　北方系の料理

　代表的な料理は北京料理である。北京は長い歴史と文化の伝統を持つ首都であるが，山東風の素朴な料理を源流にしながらも，みやびやかな宮廷料理の流れと，周辺の地域から持ち込まれた各地方の優れた料理とが渾然一体となって，北京料理が形成された。気候が寒冷であるため，概して油を使ったエネルギーの高い，味の濃厚な料理が多い。また，小麦の産地であるところから，包子，餅，饅頭，麺などの粉食が発達している。調理法から見ると，強い火力で炒める料理，特に爆＜バオ＞と呼ばれ，強火でごく短時間に火を通し，一気に炒め上げる方法に特色がある。油を多めに用いるが，強火で速やかに調理するので，素材の持ち味を外に逃さずに仕上げ，しかも油濃さを感じさせない。

2）　南方系の料理

　代表的な南方系料理は，広東料理と福建料理である。この地方は亜熱帯性気候で，米の多毛作が行われ，農作物にも恵まれている。沿岸地帯で海産物も多く食材料が豊富である。特に広東は古くから対外貿易の中心地として外国との交流が盛んで，洋風の材料や調味料なども取り入れ，国際色豊かな料理を作り上げ，＜食在広州＞（食は広州にあり）と言われるのにふさわしい食文化を育て上げた。

魚料理，えび・かに料理，すっぽん料理，鍋料理にもそれぞれ特色がある。飲茶＜ヤムチャ＞発祥の地であり，甜＜ティエン＞（甘味），鹹＜シエン＞（塩から味）の多彩な点心がそろっている。調理法は焼烤＜シャオカオ＞（焼き物料理）に特色があり，燉＜ドゥン＞（スープ蒸し）や煲＜バオ＞（土鍋煮）のようにじっくりと火を通す調理にも，優れたものがある。

3）　東方系の料理

揚子江（中国名：長江）の中流，下流および東南沿岸一帯にわたる地域の上海料理，蘇州料理，杭州料理などを東方系料理と呼んでいる。揚子江下流は肥沃な土地と豊かな水に恵まれ，米の主産地でもあると同時に，魚介類も多く，「魚米之郷」と呼ばれる産物の豊富な地帯である。河川，湖沼でとれる川魚，かに，えびなどの料理も多彩である。調理の特徴は，できるだけ素材の良さを生かしたものが多く，味付けは淡泊で蒸し物，煮込み料理に特色がある。上海を中心に外国との交流が多い土地柄だけに，料理も国際的に洗練されている。

4）　西方系の料理

揚子江上流の地域が西方系料理であり，四川料理がその代表である。四川は内陸部に位置する大盆地で，地理的に中国中央部との交通が不便であったにもかかわらず，漢民族が古くから開発を進めてきた。四方を山地や高原に囲まれており，冬は温暖，夏は恒温多湿の気候で，水に恵まれ，米，野菜などの産物が豊かな地域である。調理法というよりも調味法に特徴がある。とうがらしなどの香辛料をきかせ，多種類の調味料を調合して特色ある風味を創り出している。さながら味の交響楽を奏でている観がある。

《隨園食単》より食の名言

☆　物には本性あり穿鑿すべからず。これをなさば自ずから小巧を成す。

（物にはそれぞれ持って生まれた本性があるから，殊更にその本性を曲げて小細工してはいけない）

☆　各菜の味に一定の火候あり。文に宜しきもの，武に宜しきもの，［火を］撤るに宜しきもの，添に宜しきもの，瞬息も差え難し。

（それぞれの材料には，最も適した火加減がある。とろ火が良いもの，強火が良いもの，途中で火を弱めるもの，強くするなど，難しいことであるが，それを瞬時に区別しなくてはならない）

☆　食の美なるは，器の火なるに如かず。

（おいしく食べるには，器が美しい方が良い）

2．調理実習のはじめに

2・1　調理とは

　調理とは，栄養のバランスが調い，衛生的に安全で，嗜好性の高い合理的な食事を調整することであり，対象は食事の計画，すなわち献立の作成から出発し，調理素材を選び，準備調理操作を経て主要な調理操作を行い，おいしい食物を完成して食器に盛り，供食が終わるまでのすべてのプロセスが含まれる。

2・2　調理実習とは

　＜烹調＞という言葉があるが，＜烹＞とは火を使って食品を焼くことから始まった加熱調理であり，＜調＞は塩で味付けしたことに起源する調味，合わせて＜割烹＞とは中国料理の調理工程，調理技術を示す。中国における調理法の特徴は，①調理の種類が多いこと，②火を通す，すなわち加熱調理が大部分を占めること，③調理工程に独特の作業，例えば，漲発＜チャン ファ＞（もどし），上漿＜シャン ジャン＞（下味付け），掛糊＜ゴワ フゥ＞（衣付け）などがあること，④炒めてから汁を加えて煮るなどの調理操作を重ねる料理が多い，⑤中華鍋1つで多種多様な料理ができるなどである。中国料理の調理実習を通して長い歴史によって培われた中国の食文化の特色を理解したい。

2・3　調理実習の目的

①　単位操作を中心として，調理のコツと技術および食品素材や器具の扱い方を習得するとともに，応用自在な調理の基礎をマスターする。
②　食文化を背景とした系統的調理の基礎技術と応用能力を習得する。
③　日常の食生活に役立つ理論の展開および技術とその応用能力を習得する。

2・4　応用自在な調理の基礎とは

　調理は古くから伝承技術として受け継がれてきたが，技術のコツを会得するためには長い年月を要した。近年，調理科学の研究成果によって，調理過程の諸現象が解明され，測定機器による数値化も可能となり，調理操作の習得も比較的容易になった。しかし，調理の過程における操作や時間，温度の微妙な差が，料理の出来栄えやおいしさを左右することも見逃すことはできない。

　応用自在な調理の基礎とは，調理のコツを系統的に把握し，料理のレパートリーが限りなく広がるように，体系化され調理を学習することを目的としているが，この目的達成を助長するため，後述するような調理の手順や要点を明確に直観的に把握できるようフローチャートで示すことにした。

2・5　中国料理様式の調理のブロックダイアグラム

　中国料理様式の調理のブロックダイアグラムを図Ⅰ－3に示した。調理工程は，献立の立案から始まって，調理素材の選択，準備調理操作（副次的調理操作），加熱調理操作を経て，盛り付け，配膳，供卓までに至る一連の調理関連操作システムのことを言う。中国料理で特徴的なのは加熱調理操作である。

18

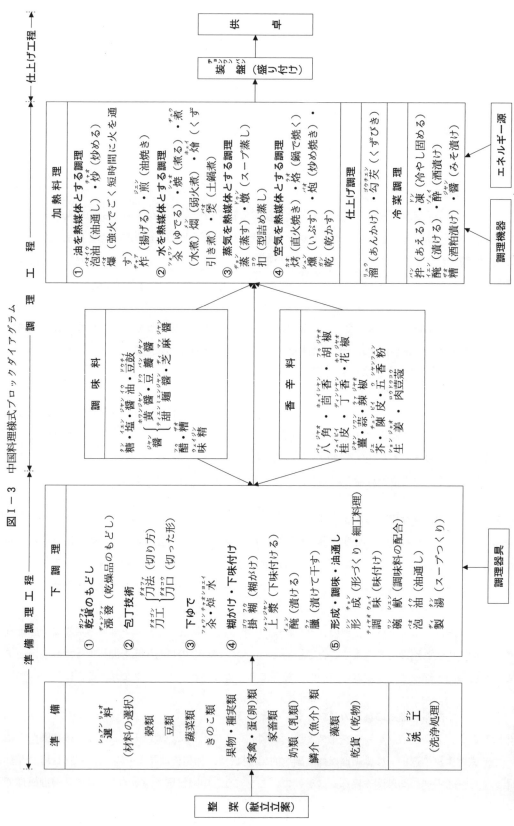

図 I-3 中国料理様式ブロックダイアグラム

(川端晶子:中国料理の調理の特徴, AJICO REFERNCE ON FOOD & HEALTH, NO.12, 1995)

3. フローチャートによる系統的調理実習

3・1 フローチャートとは

フローチャート (flowchart) は流れ図とも呼ばれ「一定の目的を果たすために行う一連の操作を複数の単位操作に分け,操作の手順に従って配列し,図形と文字を用いて示した図面」である。もともとフローチャートは,情報処理システムの製作のために考案されたものであり,ある問題についてその処理手順を記述したり,更にそれを検討・改良したり,あるいは人から人への伝達手段として多方面に利用されている。このように,広範囲の関係者に伝達し理解させるためには一定の約束を定めてフローチャートを描く必要があるが,日本工業規格として情報処理用流れ図 (JIS-C-6270) がある。

3・2 フローチャートの特徴

(1) 操作の流れを図解することにより,概要を直感的に把握することができる。直感的に把握できるということは,表現しようとする流れが複雑なほど,その効果が大きい。

(2) 一次元的または二次元的表示ができる。一次元的表示とは,文章のように直線的に描いていくものであるが,これに対して二次元的表示とは,縦横の両方向に流れを進めることができ,分岐操作の流れを見やすくする。

(3) 豊富な記号を用いて各部分の相互関係を系統的に表示することができる。

3・3 フローチャートの基本形

図Ⅰ-4 フローチャートの基本形

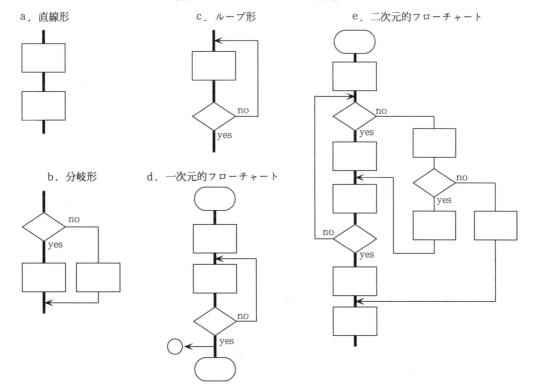

本書では,主として一次元的フローチャートを採用した。

3・4 調理操作のフローチャート化とは

1) 目的

　一般に調理操作の手順や要点は文章で記述されているが，本書では，これらの手順や要点を明確に，系統的に把握することを目的とし，情報処理用流れ図記号（JIS－C－6270）を参考とし，調理操作・調理材料・調理器具およびそれらの手順と要点を示すために，最も適した記号と約束事を決め，調理操作のフローチャート化を行った。

2) 調理操作のフローチャート化の利点

(1) 調理操作の概要を直感的に把握することができる。
(2) フローチャートの一次元的および二次元的表示によって，分岐調理操作の流れと，その合流箇所を明確に把握することができる。
(3) 食品材料や調理器具が，いつ，どこで必要なのかが一目して分かる。
(4) 調理上の要点や確認事項を明確に把握することができる。
(5) 調理の単位操作とその手順を正確に行うことにより，調理科学的裏付けが容易となる。
(6) いつ，どこで，だれが行っても同じように出来上がるという調理の再現性が確保できる。
(7) 調理操作の確実な伝承が可能となる。

3) 調理操作の文章表現とフローチャートの対比

（例）　花　巻（花形の蒸しパン）
　　　　　ホワ　ジュアン

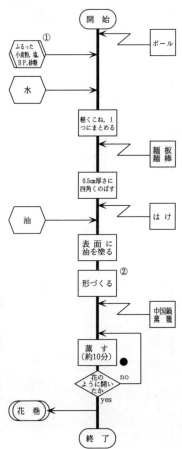

○フローチャートによる表現

材料	薄力粉	300g（3 cup）
	砂糖	90g（3/4cup）
	塩	3.8g（小S3/4）
	BP	6g（小S1・2/3）
	水	150ml（3/4cup）
	ごま油	少々

○文章による表現

　小麦粉，塩，砂糖，ベーキングパウダーは合わせて振るっておく。ボールにこれらと水を入れ軽くこねて1つにまとめる。麺棒で0.5cm厚さの四角にのばし，はけで表面に油を塗る。油を塗った面を内側にし，渦巻き状に巻き，4cm幅の木口切りにする。その1つ1つに深く切れ目を入れ，蒸籠で花が開いたようになるまで蒸す。

I 序 論 21

本書に用いられているフローチャートの記号とその約束事

	記　号	約束・意味	例
1.	（角丸長方形）	開始・終了	開始 ／ 終了
2.	（長方形）	調理操作	煮る ／ 炒める
3.	（ひし形）	確認 {加熱の状態／調味の具合　など}	沸騰したか ／ 味はよいか
4.	（六角形）	調理材料	米 → ／ 豚肉 →
5.	（左二重六角形）	下準備済み調理材料	たけのこ → ／ みじん切りねぎ →
6.	（平行四辺形）	調味料・香辛料	食塩 → ／ こしょう 豆瓣醤 →
7.	（円筒形）	媒体として用いる水・油など	3％酢水 → ／ 油 →
8.	（両端二重長方形）	調理済み材料（サブルーチンなど基本操作として別項に解説されているだし汁やあえ衣など）	清湯 → ／ 奶湯 →
9.	（正方形）	補助調理器具	← 蒸籠 ／ ← ボール
10.	（三角形）	分離または取り出すもの	アク ← ／ しょうが ←
11.	（下二重三角形）	分離または取り出して再び用いるもの	煮汁 ← ／ 煮汁 →
12.	（楕円形）	半完成品（1つのフローチャートでつくられた半完成品で，同一調理工程で再び用いるもの）	ゆでた白菜 ← ／ ゆでた白菜 →
13.	（二重角丸長方形）	出来上がった料理	棒棒鶏 ← ／ 涼拌麺 ←
14.	（太線）	主な流れ	原則として上から下へ

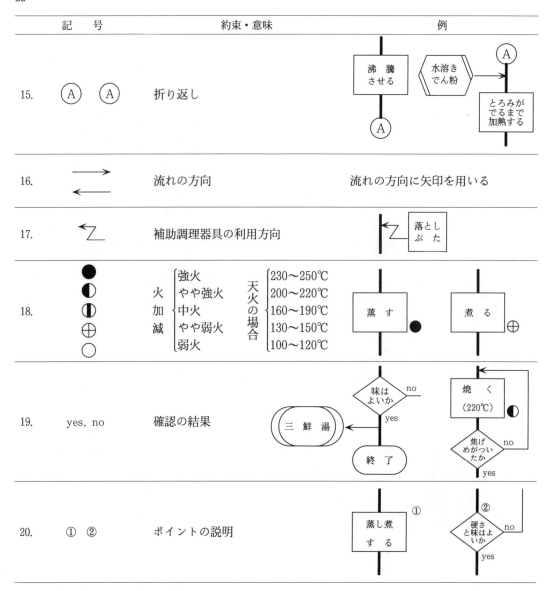

4. 本書の利用法

4・1 本書の構成

　本書は応用自在な調理の基礎を，フローチャートによって系統的指導あるいは実習できるように，中国料理篇としてまとめたものである。まず，中国料理の総論として考え方を述べ，続いて調理の基本の後，中国料理の一般的分類法である冷菜・前菜，炒菜，炸菜，溜菜・燴菜，焼菜・煨菜，蒸菜，湯菜，点心・甜菜とし，薬膳料理を加えて献立構成と食卓の演出法，中国料理のおいしさの特徴と表現用語の順に項を設け，各項目について基礎理論を述べ，関連事項を分かりやすく図や表で説明した。具体的な実習については，代表的な料理について，その調理法の手順と要点を解説し，どのように応用展開を進めていくかについても記述した。

本書の各調理法の項ではまず，料理名，材料，分量（通常4人分を1単位）を示し，参考事項も記した。

調理法はフローチャートで記載し，主要な流れ線の左側には調理材料・調味料・香辛料・半完成品・出来上がった料理名を，右側には補助調理器具類を記載した。フローチャート中の記号の右肩上の番号（①，②……）は，調理上のポイントの説明を示し，説明文の番号と一致させてある。

4・2　本書の利用にあたって

(1)　まず各調理事項の基礎理論を十分に理解する。

(2)　各料理については，材料と分量の確認を行い，調理法の概要を把握する。

(3)　簡易な下ごしらえは，材料の項の分量の右側を参照し，フローチャート中の サブルーチン については解説されている項を調べる。

(4)　調理操作は，忠実にフローチャートに従う。

(5)　フローチャートに記載してある調理上のポイントを正確に把握し，調理科学的裏付けを考察する。

(6)　参考項目を熟読し様々な応用を試みる。

5．調理実習の実際

5・1　実習に先立って

(1)　予　習　　実習の目的，ポイントおよび手順を把握する。

(2)　身支度　　清潔な着衣，手指の洗浄および手拭きを準備する。

(3)　調理台　　実習材料および用具を確認する。

5・2　実習中

(1)　調理材料の準備　　調理材料を注意深く選定する。不可食部を除く・洗う・切る・量る・浸す・混ぜるなどの，主要な工程に入る前の準備操作を行う。

(2)　調理の主工程　　各調理材料の加熱温度と加熱時間，調味料や香辛料の割合，調味のタイミングなどを理解する。

(3)　盛り付け，配膳　　試食時の調理品の温度，料理の様式を考慮しながら，美しさ，おいしさを引き立てるように盛り付けし，配膳する。

(4)　実習態度　　時間や労力の配分，作業の分担や協力，研究的な観察および作業の安全を心掛ける。

5・3　試食と実習後の整理整頓

(1)　評　価　　実習の目的，ポイントおよび手順が把握できたか。出来上がった料理の外観・味・香りなどの出来栄えを評価する。

(2)　食事作法　　教養ある人間としての食事作法を理解し，身に付ける。

(3)　後片付け　　食器および調理器具の洗浄，乾燥と収納，ふきんの熱湯消毒と乾燥，調理台の整理整頓，廃棄物の処理，清掃などを行う。

5・4 記録

(1) 実習のポイント　　技術的なポイントと，科学的なポイントを記録し，考察する。

(2) 結果，反省，応用　　実習の目的が達成されたか。実習で学んだ方法や考え方を応用できるか等。

(3) 参考文献　　実習内容に関連した事柄を調べる。文献の著者・書名・頁・発行所・発行年を記録する。

6. 調理実習の評価法

6・1　献立構成の評価のポイント

(1) 献立のテーマが十分に表現されているか。例えば，青年期男子の献立，老人の献立のように。

(2) 序論（前菜またはスープ），本論（主食，主菜，副菜），結論（デザート）の構成が整っているか。

(3) 栄養のバランスが調っているか。

(4) 食品の分量や組み合わせが適当か。

(5) 料理の組み合わせが適当か。

　① 料理がバラエティーに富んでいるか。　　② 材料の特性が十分に生かされているか。

　③ 味・色・形に不調和なものはないか。

(6) 献立は限られた予算の範囲で，目的が達せられているか。

(7) 調理に要する時間，調理の手順，使用する器具，熱源などが考慮され，準備から供卓までの一連の調理工程がスムーズに流れるように十分配慮されているか。

6・2　調理技術の評価のポイント

(1) **材料の取り扱い方**

　① 材料が衛生的に扱われているか。　　② 材料が栄養的に扱われているか。

　③ 材料が経済的に扱われているか。

　④ 材料が目的に応じた切り方，大きさに美しく調えられているか。

　⑤ 材料に適した扱い方であったか。扱い方の手順は正しかったか。

(2) **調理法**

　① 加熱調理の場合は，加熱の状態が適当であるか。

　② 出来栄えは良いか。

　　a） 外観：形，色，つや　　b） 風味：味，香り　　c） 食感：テクスチャー

(3) **盛り付け，配膳**

　① 料理に適した食器が用いられているか。

　② 清潔に，正しく，美しく盛られているか。　　③ 正しく，美しく配膳されているか。

(4) **実習態度**

　① 服装が整い，衛生観念が十分身に付いていたか。

　② 水・材料・熱源の使い方に無駄がなく，調理機器の取り扱い方が正しく行われたか。

　③ 仕事の手順は適当であったか。　　④ 作業中および終了後の整理整頓がよく行われていたか。

II 調理の基本

1. 調理材料の知識

1・1 主な中国野菜

	名　称	特　徴	用　途
1	青梗菜 （チンゲンツァイ）	中国野菜の中で最もポピュラーな青菜である。軸の部分が青いところから，チンゲンツァイの名がある。味はくせがなく，あくがでないので，どのような素材とも調和する。加熱すると葉の緑色が美しくなる魅力的な野菜である。	軟らかく，味にくせがないので，スープ，炒め物，煮物，蒸し物，和え物などに広く利用される。調理のこつは加熱し過ぎないこと，しゃきっとした歯ごたえを残すように，短時間で仕上げること。
2	白菜 （パイツァイ）	結球しない小白菜であり，葉は濃緑，茎は肉厚で白い。料理に用いると緑と白のコントラストが美しい。くせがないので，どんな材料ともよく調和する。	スープ，煮込み，蒸し物，炒め物，漬け物など，利用範囲が広い。火の通りが良いので，あまり煮過ぎると歯ごたえや風味が落ちる。
3	塌菜 （タアツァイ）	地面に平たく広がるように開くので，中国ではつぶれるようにという意味のタアツァイの名がある。葉は肉厚でちりめん状にしわがあり，濃厚な緑色であり，その鮮やかな色は料理に彩りを添える。	軟らかく，味に甘味があり，加熱するとこくがでるが，煮過ぎるとうま味が落ちる。スープ，炒め物，あんかけ，鍋物，漬け物などに利用される。
4	油菜 （イウツァイ）	日本の菜の花によく似ている。主に，とう立ちした茎と葉を花蕾ごと食用にする。青菜としては味も良く，用途は広い。	弱火で加熱すると苦みがでるので，強火で加熱するのがこつである。スープ，炒め物，和え物，漬け物などに利用される。
5	蕹菜 （ヨンツァイ）	ヒルガオ科のつる性植物で，さつまいもの葉に似ていて，茎の中が空洞になっている。つるのあるものは葉や茎は硬いので，つるの出ていないものを選ぶ。	そのままでは青臭いので，こんにゃくやしょうが汁を加えて調理するのがよい。スープ，炒め物などに利用される。
6	蒜苗 （ソワンミャオ） （葉にんにく）	にんにくの若葉である。細い長ねぎに似ているが，ねぎよりも歯ごたえがあり，にんにくの臭みをマイルドにした香りを持っている。また，薬理効果があると言われている。	肉や魚の臭み消しに用いられたり，ぶつ切りにして，炒め物，鍋物，和え物，サラダにも利用される。
7	韮菜苔 （ジョウツァイタイ） （花にら）	蕾のついたにらの茎である。蕾のうちに収穫して，軟らかい茎を食べる。にら特有の臭みがなく，さわやかな香りと甘味がある。	ゆでて和え物にしたり，しゃきっとした歯触りが炒め物に適する。

8	冬瓜 （とうがん）	とうがんの果肉は白く，水分に富んでおり，加熱すると透明な淡い薄緑色になる。味が淡泊なので，肉や魚介類とも調和する。	スープ，煮込み料理に用いられる。軟らかく煮込んで味を，十分に含ませることがこつである。
9	苦瓜 （にがうり）	にがうりは，つるれいしとも呼ばれている。果実は細長く，表面にこぶ状の小さな突起が無数についているのが特徴である。特有の苦みがある。	生では苦いが塩もみしてゆでると苦みが薄くなる。炒め物，酢の物，和え物，漬け物などに利用される。
10	茭白 （まこもたけ）	いね科の多年草である。まこもの新芽に食用菌であるまこも黒穂病が寄生し，その刺激によって肥大した茎を食用にする。肥大茎は細いたけのこ状となり乳白色で軟らかい。	淡泊な味は，肉や魚ともよく調和し，スープ，炒め物，煮込み料理などに利用される。

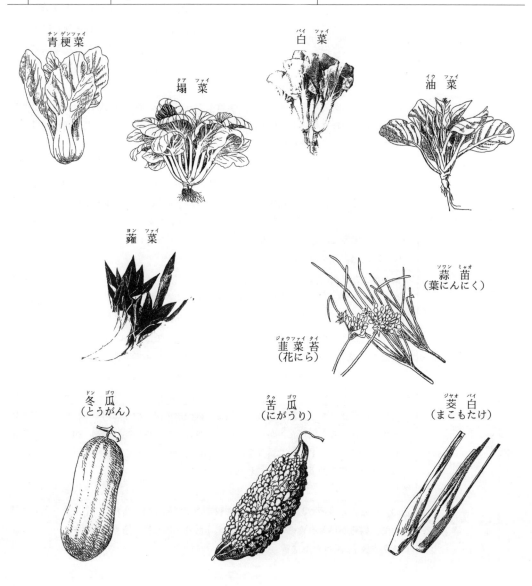

1・2　主な特殊材料

	名　　称	特　　徴	用　　途
1	燕窩 (イェン ウォ) （つばめの巣）	海つばめの巣で，海藻をつばめの唾液で固めたもので，海辺の断崖絶壁に作られるので，高価であり珍重される。最上級品は乳白色でつやがあり，馬蹄銀のような形をしている。ごみや毛くずの混じっていないものが良い。それ自身ほとんど味はないが，上品な歯触り，滑らかさが好まれる。	つばめの巣のでる献立は最高の宴席とされ，燕席と言う。もどし方は，ぬるま湯に3〜4時間浸し，軟らかくなったら，ピンセットでごみや羽毛を丁寧に取り除く。スープの浮き身，氷砂糖のシロップに浮かせたりする。
2	魚翅 (ユイ チ) （ふかのひれ）	ふかやさめのひれを乾燥したものであるが，種類，産地，部位，大きさ，形状などによって品質と価格に差がある。背びれを姿のまま干した丸ひれが最も味がよく，尾びれ，胸びれから作る散翅はバラバラになったものを固めたもので，風味は劣る。	丸ひれはたっぷりした湯に漬けて一昼夜おき，きれいに洗って2〜3時間弱火で煮る。これを冷水に取り，よく洗って更に軟らかくなるまで煮る。煮物，炒め物，煮込み，あんかけ，スープなどに用いる。ふかのひれ自体には味がないので，上等なスープを用いて味を含ませる必要がある。
3	海参 (ハイ シェン) （干しなまこ）	日本ではきんこと呼ばれ，ふかのひれの次に珍重されている。なまこは種類が多いので，きんこも種類が多い。とげの有無，色の濃淡，形の大小によって品質が異なるが，色が黒く，とげのそろっているものが上等である。	きんこはもどすのに大変な手間と時間と技術を要する。最低でも3〜4日掛かる。もどす時，一度に長時間煮たり，または油が入ったりすると，中がとろけたようになるので，注意が必要である。煮込み，あんかけ料理に用いられる。
4	乾鮑 (ガン バオ) （干しあわび）	乾鮑は，あわびの身を水煮して乾燥したもので，あわびの種類により明鮑，灰鮑，紫鮑などがある。濃いべっこう色で，傷のない，よく乾燥したものが上等品である。なま物や水煮とは異なった独特の風味があり，中国料理に欠かせない材料である。	もどし方は，たっぷりした湯にしばらく漬けておく。水を替えて火に掛け，沸騰したら火から下ろし，ふたをして一晩おく。再び弱火で軟らかくなるまで煮る。前菜，煮込み，あんかけ，スープなどに用いる。
5	魚肚 (ユイ ドゥ) （魚の浮き袋）	魚の浮き袋の乾燥品で，高級材料として用いられている。魚は主にべら科のものが多く使われるが，そのほか，さめなどのものも用いられている。魚肚をもどすと，半透明でゼラチン質特有のぷるぷるとした弾性のある食べ物となる。	油で徐々に加熱してもどしたり，水でもどして用いる。ゼラチン質なので味はないが，蒸してスープや煮込み料理に用い，触感を賞味する。
6	乾貝 (ガン ベイ) （干し貝柱）	たいらぎやほたて貝の貝柱を乾燥させたもので，鮮明なべっこう色をしていて，丸く粒の大きいものが良い。	もどし方は水洗いしてよく汚れを落とし，熱湯をかけて冷めるまで，そのまま漬けておく。漬け汁はだしに用いる。
7	海蜇 (ハイ ヂョオ) （く ら げ）	生くらげを明ばんで漬け込んだ後，脱水してから塩漬けにして保存する。塩抜きした後，湯通しをすると歯触りがよくなり，こりこりした食感は前菜の冷盤には欠かせない材料である。	もどし方は，大きなまま水に浸けて塩出しする。塩がぬけたら，きれいに洗い端からくるくる巻いて細いせん切りにし，熱湯にさっと入れてすぐ冷水にさらす。前菜や酢の物に用いる。

8	蝦米 シャ ミィ （干しえび）	むきえびを乾燥したもので，日本料理のかつおぶしのように，うま味だしに広く用いられる。	もどし方は水でさっと洗い，汚れを落とし，ぬるま湯に漬けてしばらくおき，足や殻を除いてから用いる。
9	皮蛋 ピィ ダン （あひるの卵の加工品）	あひるの卵の加工品である。卵に食塩，生石灰，草木灰などを混合して糊状にしたものを厚く塗り，更にもみ殻をまぶしてかめに入れ，密封し，15〜30日間貯蔵して作る。卵白はアルカリによりゼリー状に凝固し，半透明の黒色となり，卵黄も軟らかく凝固して緑褐色と黄褐色の層になる。	表面の泥を落として水洗い後，殻をむき，縦六つ切りなどにして，前菜やかゆのおかずなどに用いる。
10	香茹 シャン グゥ （しいたけ）	冬にとれる冬茹，肉厚で傘の表面が花模様のようにひびわれている花茹などは，香りも味も非常に良いものである。	水または，ぬるま湯でもどす。漬け汁は捨てずにだしとして用いる。
11	木耳 ムゥ アル （きくらげ）	きくらげは大きく黒くつやのあるものが上等である。白いものを銀耳という。きくらげは無味無臭でくせがない。半円形でひだがあり，薄くて大きいものを良質としている。きくらげは色どりと歯触りを楽しむ材料である。	水またはぬるま湯でもどして用いる。スープの実や炒め物にもよく用いられ，白きくらげは，黒きくらげよりもちりちりと縮れたひだが細かい。滋養強壮，便秘にも効果があるとされている。スープやシロップ仕立てにした甜菜は有名である。
12	竹蓀 デュウ スゥン （きぬがさだけ）	竹林の腐葉土などに生じるきのこなので，竹の孫と考えられてこの名がある。直径2〜3cm，高さ10〜15cmのきれいなきのこで，珍重されている乾貨の1つである。	ぬるま湯でもどし，上等のスープの実に用いられたり，とろみのある煮込み料理に用いる。
13	冬虫夏草 ドン チョン シャ ツァオ （とうちゅうかそう）	チベット・四川地方で産する。冬は虫で夏になると草になる不思議なものとしてこの名がある。冬の終わりごろ，土の中に潜伏して尾部を外に出している幼虫に，菌が寄生して夏期に成長したもの。寄生する虫によってそれぞれ特有の形となる。長さ6〜9cm。高価な乾貨の1つである。	きれいに洗って水でもどし，蒸しスープや煮込み料理に用いる。味は甘く強壮効果があると言われている。
14	草茹 ツァオ グゥ （ふくろたけ）	中国南部，東南アジアの熱帯地方で産する。これは稲わらに生じるきのこである。傘が開いてしまうが，その前のところで袋の中に，傘をすぼめた形で入っている。ごろっとした感じで，味はマッシュルームに似ている。生，乾貨，缶詰にされている。	スープ，煮込み料理などに用いる。広東料理で多く用いられ，淡泊な味はえびやかに類に調和する。

Ⅱ 調理の基本　29

燕窩（つばめの巣）

乾鮑（干しあわび）

魚肚（魚の浮き袋）

蝦米（干しえび）

皮蛋（あひるの卵の加工品）

冬虫夏草（とうちゅうかそう）
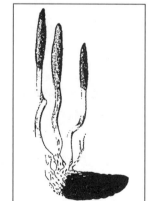

竹蓀（きぬがさだけ）

草菇（ふくろたけ）
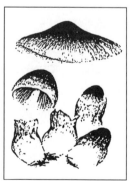

1・3　調味料

1．塩＜イェン＞

　海からとれる海塩と，海以外の場所からとれる岩塩，井塩＜ジン イェン＞，湖塩などがある。中国では岩塩が全体の約80％を占めている。岩塩は地下に埋蔵されており，固形で採掘される。井塩は地下水に溶け込んでいる塩分を，井戸のように掘り下げ，汲み上げて採塩したものである。さんしょうの香りを移した塩を花椒塩＜ホワ ジヤオ イェン＞と言う。

2．糖＜タン＞

　甘味調味料である。白砂糖，黒砂糖，氷砂糖，果糖，ブドウ糖，蜂蜜などがある。

3．醋＜ツゥ＞

　酢のことである。無色透明に近い白醋＜バイ ツゥ＞，赤みそがかった紅醋＜ホン ツゥ＞，濃く黒い酢を黒醋＜ヘイ ツゥ＞と言う。また，長期間熟成させたものを陳醋＜チェン ツゥ＞と言う。

4．黄醤＜ホワン ジヤン＞

　大豆を主材料としてつくったもので，最もポピュラーな醤である。日本の八丁みそ，赤みそに比較的近い。

5．甜麺醤＜ティエン ミエン ジヤン＞

　大豆を全く使用しないで，小麦粉と塩だけを原料としてつくる甘味の強いみそで，日本の米みそに似ている。

6．豆瓣醤＜ドウ バン ジヤン＞

　みそにとうがらしなど数種の香辛料を混ぜたものである。四川料理では前菜のたれから炒め物，魚料理にも広く用いられている。麻婆豆腐＜マァ ボォ ドゥ フゥ＞はこれを使って調味したものである。

7．芝麻醤＜ジィ マァ ジヤン＞

　炒った白ごま，サラダ油，ごま油を5：3：1の割合に混ぜ，ペースト状にしたもので，一見，日本の当たりごまに，ごま油を加えたような感じで，調味料や嗜好料として用いられる。

8．豆豉＜ドウ チィ＞

　大豆を発酵させてつくった調味料である。黒褐色で光沢があり，豆は軟らかく，粒状を保ち，酸味や苦味のないものが良質である。日本の浜納豆に似ている。広東料理でよく使われ，また，四川の豆は鍋物の味付けに欠かせないもので，全国的に有名である。

9．豆腐乳＜ドウ フゥ ルゥ＞

　豆腐からつくった発酵食品で，白色，暗赤色のものがある。嗜好品，調味料として用いられる。3～4cm角に固まっている回りに，どろっとした液状のものがついている。

10．糟＜ザオ＞

　酒のかすのことである。糟を使った食品として，四川省の糟蛋＜ザオ ダン＞（あひるの卵の酒かす漬け）がある。香糟＜シャン ザオ＞とは香りの良い酒かすのことで，紹興酒などのもち米を原料とする酒のかすに，塩，砂糖，酒などの調味料，肉桂，陳皮など数種の香辛料を加えて，密封，熟成させたもので，調理に用いる。

1・4 香辛料

1. 八角（はっかく）
_{パァ ジヤオ}

モクレン科の常緑樹の果実で，熟すると美しい星形となり，八角またはスターアニスとも呼ばれている。中国料理の中で最も用途が広く，どのような材料にもよく調和する。獣鳥肉の下味や煮込みに用いられるが，生臭みを消し，消化を助ける働きがある。

2. 茴香（ういきょう）

セリ科の多年草であり，全草に芳香がある。若葉や茎も香りが良く，蔬菜として用いられているが，種子は乾燥し粉末として用いる。唐時代に既に薬用として用いられていたが，料理には欠かせない香辛料の1つである。各種料理，製菓用，漬け物用に用いられる。

3. 肉荳蔲（にくずく）

インドネシアのモルッカ諸島原産の常緑樹で，中国では広東地方に産する。にくずくは雌雄異体の植物で，雌株の樹の仮種皮を除いた種子をナツメグと言い，種子を包む太い網目状で朱肉色の硬い皮をメースと言っているが，古くより，いずれも香辛料および薬用として珍重がられている。共にスパイシーな甘い刺激性のある香りを持ち，まろやかなほろ苦さがある。メースの方が苦味は少なく，味も良いが高価である。肉料理や酒などに用いられている。

4. 肉桂（にくけい）

セイロンに多産するセイロン肉桂が最も品質が良い。中国料理で使われているものは，広東，広西地方に多産するチャイナ・シナモンと呼ばれるカシア種が多い。さわやかな香りと刺激性のある甘味が溶け合った独特の風味があり，ほのかな辛味も感じられる。製菓用のほか，滷汁＜ルゥ ジイ＞（煮込み料理に用いられる香料入りの濃い汁）に入れる香料の1つとしてよく使われる。

5. 丁香（ちょうじ）

熱帯常緑樹であるちょうじの花を蕾のうちに乾燥したもので，強い焼くような特有の芳香を持っている。形はくぎに似ていて，黒褐色である。肉の臭みを取る効果があるので肉料理によく利用されている。滷味＜ルゥ ウェイ＞（香料入りの煮汁で獣鳥肉類）や酒の香り付けなどに用いられる。

6. 香菜（こえんどろ）

セリ科の一年草で，中国料理では鮮緑の美しい葉を使うことが多く，強烈で独特の香りのある野菜として用いられている。生葉を刻んでかゆ，スープ，炒め物，和え物などに青みとして利用する。また，魚や肉の生臭みを消し，特に，涮羊肉＜ショワン ヤン ロウ＞の薬味には，なくてはならないものとされている。

7. 薄荷（はっか）

シソ科の多年草である。さわやかな清涼感のある風味は中国人の嗜好にも合っている。夏期には茶に加えて，いわゆるハーブティとして用いる。牛羊肉料理にもよく調和する。

8. 胡椒（こしょう）

インドが原産地であるが，こしょうは六朝時代に仏教と共にインドから中国に伝わったと言われている。成熟しない前の種実を採取して，そのまま乾燥させた黒こしょうと完熟してから果皮を除いた白こしょうがある。黒こしょうは香り，辛味も強いが，白こしょうはまろやかで上品な香りを持っている。刺激的な辛味，風味，芳香は下味，仕上げにも適し，スープ，炒め物，肉料理にも用いられる。

Ⅱ 調理の基本　33

9. 花椒(ホワ ジャオ)（さんしょう）

日本では木の芽和えなどに若芽を利用しているが，中国では完熟した実を多く利用している。渋く，さわやかな特有の香りと，口中がじわっとしびれてくるような刺激があり，この刺激を麻と呼ぶ。四川料理の特徴ある味として麻辣＜マァ ラァ＞が挙げられるが，とうがらしの辣味＜ラァ ウェイ＞とともに，四川を代表する香辛料である。また，中国料理の揚げ物にさんしょうの粉末と炒り塩を混ぜた花椒塩＜ホウ ジヤオ イェン＞が付きもので，その風味が料理を一層引立てる。

10. 蒜(ソワン)（にんにく）

ユリ科の多年草で，中国全土に産する。強い香りとやや辛味のある独特な風味は，香辛料としてのほかに蔬菜としても広く利用されている。料理では刻んで，炒菜＜チャオ ツァイ＞の香味付け，すりつぶして炒菜のソースなど，強い香りと辛味のある独特の風味は生，煮，炒，焼と幅広く用いられ，中国料理とは切っても切れない関係にある。乾燥したガーリック・パウダーを用いるより，生を調理時に用いることが多い。

11. 薑(ジャン)（しょうが）

ショウガ科の多年草であり，原産地は南アジアであるが，中国でも古くより栽培されており，紀元前から食べられていた。地下の塊茎を利用するが，清新で刺激性のある香りと強い辛味が特徴である。

しょうがの香味は，甘味，塩味のどちらの料理にも調和し，特に魚介類や肉の臭み消しに欠かせない。ほかの香辛料ともなじみがよく，最も基本的な香辛料・香味野菜として，中国料理の中で広く用いられている。

12. 鬱金(ユイ ジン)（うこん）

ショウガ科の多年草で，地下茎を乾燥させて用いる。やや泥くささの残るしょうがに似た芳香と辛味が少しある。主として黄色の着色材として用いられているターメリックの名で知られているが，カレー粉の黄色はこれによる。

13. 辣椒（とうがらし）

ナス科の多年草で，中国全土で栽培されている。世界的に最も広く使われている代表的な香辛料の1つである。香りは弱く，わずかに甘酸っぱさがあるが，辛味は強く刺激的である。そのまま食用にするほか，乾燥して香辛料，辣油，紅油，豆瓣醤などの混合調味料として広く利用されている。

14. 芥（からし）

アブラナ科の一年草で，原産地は中国である。種子を用い多くは粉末にして，使用時に水か湯で練り，十分に辛味を出させてから調味する。さわやかな食欲をそそる芳香と刺激性のある辛味があり，冷菜によく合う。

15. 陳皮（ちんぴ）

柑橘類の皮を乾燥させたものの総称である。陳には古いという意味があり，生でなく乾燥した古いものが良いというところから付けられた名称である。柑橘類特有の芳香と苦味がある。粉末にして料理の香り付け，酒の香料などにも用いられる。

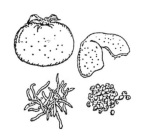

16. 桂花（もくせい）

もくせいの花で，甘く香るこの花を中国人は非常に好み，香料として用いられている。花を蜜煮したものを桂花醤＜ゴェイ ホワ ジャン＞と言い，各種の甘い点心のあんやシロップの香り付けに用いている。桂花陳酒＜ゴェイ ホワ チェン ジォウ＞はぶどう酒にもくせいの花の香りを付けた酒である。

17. 茉莉花（ジャスミン）

中国では江蘇，福建，広東，雲南などに産する。この花の種類は非常に多く，形や色，樹高などは特定しがたい。開花すると強い芳香を発する。ほとんどは茶葉に混入して茉莉花茶＜モォ リィ ホワ チャ＞にする。

II 調理の基本　35

18. 杏仁（きょうにん）

種類は多く、用途別に分類すると、北杏＜ベイ シン＞（仁用杏）と南杏＜ナン シン＞（肉用杏）がある。仁用杏は果肉は薄くて苦い。あんずの核の中の仁（杏仁）は特有の爽快な香りを持ち、香辛料として製菓用に、また、杏仁水、茶の芳香料として用いられる。アーモンドより小さく丸い形で、アーモンドに似た強い芳香がある。肉用杏は大粒で果肉は甘く、乾燥しておつまみや菓子原料に用いる。

19. 枸杞（くこ）

くこはナス科の落葉低木である。くこの若い葉はやや苦みがあるが、炒菜やスープの実にし、くこ茶として飲むこともある。赤い枸杞子は鶏と共に十分蒸し煮したスープ料理によく用いられ、虚弱体質や眼精疲労に良いとされている。

20. 紫蘇（しそ）

シソ科の一年草である。さわやかな芳香とほろ苦味を持つ葉に比べて芳香は少ないが、かすかに苦味のある実を有する。中国では梅を主材料とする薬湯を兼ねた飲み物に用いられる。しその葉を蘇葉、しその実を蘇子、干したしそを乾蘇、生のしそを生蘇と呼ぶ。

21. 五香粉＜ウ シヤンフェン＞

数種の香辛料を混合した粉末のブレンドスパイスである。一般に肉桂＜ルウ ゴェイ＞、丁香＜ディン シャン＞、花椒＜ホワ ジャオ＞、陳皮＜チェン ピィ＞、茴香＜ホェイ シャン＞、または八角などがベースになっている場合が多い。漢方薬的なにおいであるが、調和された芳香で食欲をそそる。粉末であるために、即席に随時用いることができる。獣鳥肉の加工や調理時にすり込んで、臭み消しと香り付けに用いる。

22. 咖哩粉＜カァ リィ フェン＞（カレー粉）

カレー粉である。世界的になじんでいるカレー粉は、中国料理にも用いられる。混合香辛料で、辛味香辛料としては胡椒＜フゥ ジャオ＞、辣椒＜ラァ ジャオ＞、生姜＜ション ジャオ＞、芳香性香辛料としては肉荳蔻＜ロウ ドウ コウ＞、肉桂＜ロウ ゴェイ＞、丁香＜ディン シャン＞、茴香＜ホェイ シャン＞、着色性香辛料としては鬱金など、何種類もの香辛料をブレンドしている。中国料理では粉末のまま使う場合のほか、油でよく練った咖哩油＜カァ リィ イウ＞にして料理に用いることが多い。

1・5 食品材料・調味料および香辛料の容積と重量

計量カップやスプーンを使って材料を量る場合，材料の性状によって見掛けの容積と重量は同じ数値を示さない。

水は5mlはほぼ5gであるが，油5mlは比重が小さいので約4gである。

粉はふるった場合と，ふるわない場合では，容積は同じでも重量は異なる。

常に使用するカップやスプーン類と食品材料との重量の関係を知っておくと便利である。

（g）

食品	小S1 5ml	大S1 15ml	1 cup 200ml
水・酢・酒・精製塩	5 g	15 g	200 g
みそ・しょうゆ・みりん・トマトケチャップ	6	17	235
芝麻醤	6	17	235
豆瓣醤	7	20	267
甜麺醤	6	18	240
油・ラー油・ラード	4	13	195
グラニュー糖	4	11	180
生クリーム	5	15	200
市乳	5	15	215
砂糖	3	8	120
片栗粉（でん粉）	3	8	125
上新粉	3	7	110
ベーキングパウダー	3.7	10	160
薄力粉・こしょう・さんしょう	3	8	100
強力粉	3	8	105
粉寒天	2.7	7.7	－
粉ゼラチン	3	8	140
脱脂粉乳	2	6	100
ごま	3	6.5	100
白米・小豆・レーズン	－	－	170

備考：水溶き片栗粉（片栗粉：水を1：1に混合したもの）

2. 調理器具

2・1 包丁（刀<ダオ>）

中国料理で用いる包丁は，長方形で幅が広く，刃の方は薄く，背の方は厚くなっていて重い。刃先を使う細かい細工も，骨付き肉のぶつ切り，肉や魚介類のみじん切りも一本の包丁で行うことができる。代表的な包丁に次の3種がある。

1) 切刀<チエ ダオ>

菜刀とも呼ばれているが代表的な包丁である。片刀に比較して全体に厚く重いが，刃はわりに鋭い。たたくような感じで切る。さいの目切り（丁），ぶつ切り（塊），みじん切り（末）などに用いるほか，骨付きのものなどの硬いものをぶつ切りにする時にも用いる。包丁の背や刃腹で鶏，魚，えびなどをミンチにする時にも用いる。

2) 片刀<ピエン ダオ>

薄刃の包丁で，切刀に比べて少し幅が狭く，軽くて刃が薄く鋭い。薄切り（片），細切り（絲），さいの目切り（丁），拍子木切り（條）にも使えるが，骨のある材料，硬い肉質の材料では簡単に歯こぼれする。

3) 砍刀<カン ダオ>

鋼鉄性の厚刃包丁で，形は切刀と同じような長方形であるが，全体に厚みがあり重い。硬いものを切るのに適し，骨付き肉などを切るのに用いる。

2・2 まな板（墩子<ドゥン ズ>）

中国料理では，直径30～80cm，高さ10～20cmくらいの丸太材を輪切りにしたものを用いる。きめが細かく，弾力性のあるもので，木材自体に香りのないものがよい。ケヤキが一般的であるが，サクラ，イチョウなども用いられる。重く安定しているので，細かく切ることから，骨付きのぶつ切り，肉やえびをミンチ状にたたく作業まで，万能である。使用の都度，洗うわけにはいかないので，表面の汚れをこそぎ取るようにする。洗った時は，風通しの良い所でよく乾燥させる。しかし，ふきんを掛けるなど覆いをして，直射日光にさらさないようにする。

食品衛生上から，手入れの悪い木製のまな板は，非衛生的であるということと，良質なケヤキ材の不足からプラスチック製のまな板が急増している。プラスチック製のまな板を木製と比べてみると，最大の欠点は刃があたった場所の傷の戻りがないことである。

木製ならば，水をつければほとんど元に戻るが，プラスチック製にはそれがないので，ある程度までは衛生的であっても，それ以後は木製のものより非衛生的な面がでてくる。このほか，日本のような板状のまな板（菜板）もある。

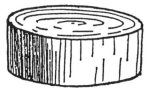

2・3 鍋類

1) 鍋子＜グォ ズ＞（鍋）

代表的なものに，両耳の付いた両手鍋と柄が付いていて片手で操作できる片手鍋がある。鉄製で炒，炸，煮，蒸などに用いることができる。底が丸みを帯びているので，熱が鍋全体に平均してよく回る。

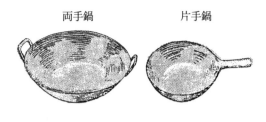
両手鍋　　片手鍋

2) 蒸籠＜ヂョン ロン＞（せいろ）

一般に竹製の蒸し器である。ふたは網代に編んであるので，熱の逃げることが少なく，水蒸気が水滴となって落ちることもない。また，底がすのこ状になっているので，何層も重ねて利用することができる。

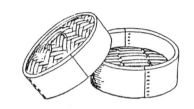

3) 火鍋子＜フォ グォ ズ＞

中国式鍋料理に使う鍋で，真ん中に煙突があり，その周辺に食品材料を入れて煮ながら食べる。かつてはエネルギー源に炭火を用いたが，現在は，燃料用アルコール，電気，ガスなども使うようになった。

羊肉（羊のしゃぶしゃぶ）用の鍋は煙突が高く，鍋の水がいつも沸騰が続くように工夫されている。

2・4 その他の調理器具

1) 杓子＜シャオ ズ＞（しゃくし）

中国料理の玉杓子は，高温の火力で調理するのにふさわしく，長い柄が付いている。大きさは色々あるが，日本で使われている玉杓子に比べて大きく深さがある。中国料理では，1つの器に盛り付けて供卓するが，炒め物やスープを鍋からすくい上げるのに便利である。そのほか，炒めるのに使ったり，調味料を量ったり，様々に用いられる。

(1) 鉄勺＜ティエ シャオ＞（鉄の杓子）

柄が長く，炒め物に使ったり，汁を移したり，料理をすくって盛ったり，様々な用途がある。

(2) 漏勺＜ロウ シャオ＞（穴杓子）

柄の長い穴杓子で，スープのあく取りや，油の中のものをすくい取るために用いる。

2) 鉄鏟＜ティエ チャン＞（鉄べら）

炒め物を混ぜるのに用いるフライ返しで，柄が長く使いやすい。

Ⅱ　調理の基本　39

3）　炸鏈＜ヂァ リェン＞（穴あき油こし）

　揚げ物や油通しをした材料，ゆでているものを，油や湯の中からすくい上げるのに使用する。鉄製で，片手鍋と同じ形で同様な柄が付いている。最高5cmぐらいの深さで，口が大きく底は丸みを帯び，多数の穴があいている。大きさは大中小あるが，鍋より直径3cmぐらい小さいものがよい。一度にまとめてすくい上げられるので，便利である。

4）　漏鏢＜ロウ ピヤオ＞（油こし）

　底が網目になっていて，一度使った油をこしたり，揚げかすをすくったり，また片手が付いているので，揚げ物をすくうのに便利である。油容器に備え付けておくとよい。

5）　麺板＜ミエン バン＞

　木を縦に切ったもので，まっすぐで平らなものが良い。麺専用の生地を薄く伸ばす板である。

6）　麺杖＜ミエン ヂャン＞（めん棒）

　いわゆるめん棒で，用途によって大きさや形が異なる。麺を平らに伸ばすのは普通長いもので，包子，餃子は短いもの，焼売には真ん中が太く両端の細いものを使う。

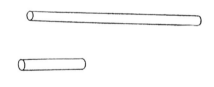

3．下調理

3・1 特殊材料（乾貨＜ガン フォ＞）のもどし

特殊材料（乾貨）を調理に用いる前に，もどしの工程を経なければならない。もどしの操作を漲発
＜ヂャン ファ＞と言う。水分を吸収させ，軟らかく，好ましいテクスチャーを持つようにする必要が
ある。また，生臭みや不可食部分を除去しなければならない。乾貨の各製品に適したもどし方がある。

乾貨を調理に用いる場合には，まず，漲発の工程を経なければならないが，新しく水分を吸収させ，
膨張させ，軟らかく，心地よい弾力性を持たせる必要がある。

漲発＜ヂャン ファ＞における加熱の方法には次のようなものがある。

煮＜ヂュウ＞：ゆでることである。芯までもどりにくいものや，泥，砂がこびりついているものの場
　　　　　　合の方法。

燜＜メン＞：むらすことである。煮沸したのち煮続けると，均質にもどらない。形が崩れやすい材質
　　　　　　のものは，煮立ったら熱湯と共に，ふた付きの器かかめに入れ，温めておく。この方法
　　　　　　は海参＜ハイ シェン＞などに用いられる。

蒸＜ヂョン＞：蒸すことである。乾貝（干し貝柱），魚翅＜ユィ チィ＞などのように崩れやすい材料に
　　　　　　用いられる。これらはある程度，もどしてから蒸す。

泡＜パオ＞：ひたすことである。熱湯か温湯に漬けておく。粉絲（はるさめ）のように形の小さいも
　　　　　　の，細いものなどに用いる。

○各乾貨に適したもどし方

1）水発＜ショエイ ファ＞　　水でもどすことであるが，更に次のように分類できる。

(1) 冷水発＜ロン ショエイ ファ＞

普通の冷水に漬けて，乾物に水分を吸収させてもどす方法である。形が小さくて，質の軟らかい素
材，しいたけ，きくらげ，乾燥野菜などに適する。あらかじめ水に漬けてほぼもどしてから，加熱す
るというように，基本的なもどし方として用いられる。

(2) 熱水発＜ルオ ショエイ ファ＞

湯の中に乾貨を漬けるか，あるいはそれを加熱して水分を吸収させ，膨らませて軟らかくもどす方
法である。

反復熱水発＜ファン フウ ルオ ショエイ ファ＞：材料を，まず冷水に適当な時間浸しておいてから，
　　　　　　　　熱湯に浸しかえる方法である。冷水と熱湯または温湯に漬け直すことを数回繰り返す
　　　　　　　　こともある（例：つばめの巣）。

煲発＜バオ ファ＞：材料が軟らかくなるまで，弱火で煮続ける（例：干しあわび）。　　＼

2）油発＜イウ ファ＞　　あまり大きくなく，大きくても薄めの材料で，粘性があり，ゼラチン
質や脂肪分のある乾貨は，油で揚げることによって膨らませた後，水発で油分を除いてから調理する。
（例；魚の浮き袋，動物のアキレス腱）。

3）塩発＜イエン ファ＞　　塩を鍋の中で熱く炒って水分を蒸発させ，パラパラにした中に乾貨
を入れて，炒めるように平均に熱が伝わるようにしてもどす（例：豚の皮）。

3・2 包丁法

中国料理では，主材料の切り方に合わせて，他の組み合わせの材料の切り方を統一するのが原則である。これは見た目に美しいだけでなく，火通りが平均され，食べやすくするためにも大切なことである。包丁の持ち方は，親指を柄の根本にかけ，人指し指を包丁の腹の端に少しまげて当てる。

包丁の持ち方

  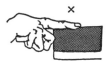 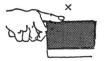

1) 包丁法の種類

(1) 直刀法＜ヂイ ダオ ファ＞（垂直切り）

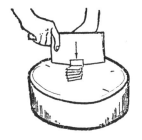

① 直切＜ヂイ チエ＞
（垂直切り）

② 推切＜トェイ チエ＞
（押し切り）

③ 拉切＜ラァ チエ＞
（引き切り）

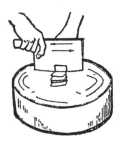

④ 鋸切＜ジュイ チエ＞
（押し引き切り）

⑤ 鍘切＜ヂャア チエ＞
（押し切り）

⑥ 滾料切＜グウン リヤオ チエ＞
（まわし切り）

⑦ 排斬＜パイ ヂャン＞
（両手で刻む）

⑧ 直刀劈＜ヂイ ダオ ピィ＞
（断ち切り）

⑨ 跟刀劈＜ゲン ダオ ピィ＞
（当て割り）

文献　中山時子監修：中国食文化事典，角川書店，1988

(2) 平刀法＜ピン ダオ ファ＞（水平切り）

① 拉刀片＜ラァ ダオ ピエン＞
（水平の押し切り）

② 推拉刀片＜トェイ ラァ ダオ ピエン＞
（水平の押し引き切り）

(3) 斜刀法＜シェ ダオ ファ＞（斜め切り）　　　　　　(4) 背刀＜ペイ ダオ＞（たたき切り）

① 正斜片＜ヂョン シェ ピエン＞
（斜め切り）

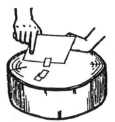

② 反斜片＜ファン シェ ピエン＞
（逆斜め切り）

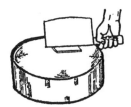

背刀＜ペイ ダオ＞
（材料を包丁の背でたたく）

2) 切り方

切り方には様々な形があるが，基本になるのは片＜ピエン＞，絲＜ス＞，丁＜ディン＞，條＜ティャオ＞，塊＜コワイ＞の種類である。

(1) 片＜ピエン＞（薄切り）

日本料理における短冊切り，色紙切り，輪切り，削ぎ切りなど，切った結果が薄く平らな形のものを言う。

① 月牙片＜ユェャ ピエン＞（半月の薄切り）　② 象眼片＜シャン イエン ピエン＞（菱形の薄切り）

③ 方片＜ファン ピエン＞（四角い薄切り）　④ 長方片＜チャン ファン ピエン＞（長方形の薄切り）

(2) 絲＜ス＞（細切り，せん切り）

材料を片に切ったものをずらして重ね，小口から細く切る。

(3) 丁＜ディン＞（さいの目切り）

丁の基本の大きさは1cm角前後で，5～7cm角のものは小丁と言う。

① 方形丁＜ファン シン ディン＞（正方形のさいの目切り）

② 粒＜リイ＞（丁よりも小さいさいの目切り，米粒大くらい）

③ 末＜モォ＞（みじん切り，ごま粒大くらい）

(4) 條＜ティャオ＞（拍子木切り）

條には棒状という意味があり，大きさの基準は幅7～8mm角，長さ5～6cmくらいの棒状に切ったもの。

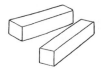

(5) 塊＜コワイ＞（ぶつ切り，乱切り）

基本の大きさは，厚さ，薄さに関係なく 2〜2.5cm くらいの大きさに切る。

(6) その他の飾り切り

3・3　下ゆで

汆<ツォワン>

　ゆでることをいう。材料を湯の中に入れて加熱するが，場合によっては火の通り具合は異なる。半加熱，または7〜8割くらい火を通して本調理に備える。汆の特徴は次のようである。

①　水を媒体とすることから，加熱温度は100℃，またはそれ以下を利用する。

②　一般に，材料のあくを抜き，組織を軟らかくし，テクスチャーを向上させる。

③　水溶性成分，特に無機成分やビタミンB群，ビタミンCの損失がかなり大きい。肉類の生臭みや血の汚れなどを除くことができる。

④　ある程度火を通して置くことで，その後の加熱時間を短縮し，迅速に調理することができる。

⑤　色々な食材を組み合わせて調理する場合に，それぞれの材料の火の通りやすさに応じて加熱時間を調整することができる。

3・4　糊がけ・下味付け

　1）　掛糊<ゴワ フウ>と上漿<シャン ジャン>

　掛糊（糊がけ）と上漿（下味付け）は，中国料理の最も特徴的な下調理の操作である。炸<ヂャァ>（揚げ物），溜<リュウ>（あんかけ），爆<バオ>（強火炒め），炒<チャオ>（炒める）など加熱する前に，切り調えた材料に衣を付けたのが掛糊であり，下味を付けた材料にでん粉を加えて混ぜたのが上漿である。掛糊と上漿は次のような機能を持っている。

①　材料の水分やうま味を保持し，外側は香ばしくもろいが，内部は軟らかく仕上げる。

②　材料の形や色を保ち，水分の流出を防ぐ。　　③　栄養成分の損失が少ない。

④　舌触りを滑らかにし，テクスチャーを向上させる。　　⑤　保温性が高まり，冷めにくくなる。

　2）　一般的な衣の種類

①　蛋白糊<ダン バイ フウ>（卵白の衣）：卵白とでん粉を混ぜて作る。揚げ物は軟らかく，炒め物は滑らかに仕上がる。

②　全蛋糊<チェアン ダン フウ>（全卵の衣）：全卵とでん粉を混ぜて作る。黄色みを帯びたやや厚めの衣となる。

③　蛋泡糊<ダン パオ フウ>（泡雪の衣）：卵白を硬く泡立てた中に，でん粉をさっくりと混ぜた白くふわっとした衣で，軽く仕上げる。

④　蛋黄糊<ダン ホワン フウ>（卵黄の衣）：卵黄とでん粉または小麦粉を混ぜた衣で，白身の魚や淡色で淡泊材料に適する。

⑤　水粉糊<ショエイ フェン フウ>（でん粉の衣）：でん粉と水を混合した衣であるが，乾粉だけで拍粉<パイ フェン>(粉をはたき付ける)することもある。

⑥　拍粉拖蛋糊<パイ フェン トゥ ダン フウ>：まず，小麦粉かでん粉をまぶしてから，卵とでん粉の糊を付ける。鍋貼<グオ ティエ>，乾煎<ガン ジェン>に用いる。

⑦　拖蛋糊滾麺包粉<トゥ ダン フウ グウン ミエン バオ フェン>：卵と小麦粉で糊を作り，この衣を材料に付けてからパン粉をまぶす。

II 調理の基本 45

3・5 成形・調味・油通し

1) 形成＜シン チョン＞（形づくり・細工料理）　　形成（日本語）

形を整えることに特別な配慮をはらい，配色よく，美しい図案，形に仕上げる調理技術を言う。次に幾つかの例を示す。

① 畳＜デイエ＞（たたむ，重ねる）：色や味の異なる材料を同じ形に加工し，一層ずつ別々の材料を並べたり，重ねたり，すり身を塗り付けたりする。

② 巻＜ジュアン＞・捲＜ジュアン＞（巻く）：薄切りにした弾力性のある材料や薄皮状の材料を外側にし，中に配色の良いすり身やせん切りの材料を芯にして巻き込む。

③ 紮＜ザア＞（くくる）：せん切り，拍子切り，棒状などに材料を切りそろえ，一束ごとにしばる。

④ 包＜バオ＞（包む）：網脂，薄焼き卵，蓮の葉，セロファン紙などで軟らかい材料を包み，加熱して仕上げる。

⑤ 貼＜ティエ＞（貼る）：すり身状にしてものを材料に塗り付ける。

⑥ 扣＜コウ＞（型に詰めて返す）：ゼリー，寄せ物，御飯などの型詰めしたものを抜くこと。

⑦ 灌＜ゴワン＞（流し込む）：液状のものを流し込む，注ぎ込むこと。

⑧ 瓤＜ラン＞（塗る，詰める）：すり身状のあんを塗る，または詰めることを言う。鶏のささ身やえびなどをすり身にして，他の材料に塗り付けたり，あるいはくぼみに詰め込むこと。

2) 調味＜ティヤオ ウェイ＞

中国料理におけるおいしさの表現をp.206に示したが，調味は材料が持っている味を生かし，よりおいしく食べるために，調味料や香辛料を用いて，一つの料理としてまとまった味を創造することである。

① 加熱前：加熱前の調味とは下味を付けることである。塩，しょうゆ，酒などの調味料や香辛料などにより基本の味を付け，材料の生臭みを消したり，本調理の調味を助ける。

② 加熱中：それぞれの調理法において，加熱中の適正な時期に調味料を加えて味付けをすることは，決定的な調味である。急速に炒める場合には，混合した調味料を用意して，加熱中に加えるが，料理の性格や出来具合に大きな影響を与える。

③ 加熱後：多くの場合，加熱後の調味は補助調味として行われることが多い。加熱中に調味を行わない炸＜ヂャア＞，蒸＜ヂョン＞，涮＜ショワン＞などに，花椒塩（さんしょうの粉と塩）や調合した調味料などを添えて供し，料理の香りと味を一層高める目的で用いられる。

3) 碗献＜ワン シェン＞

調味料の配合のことである。短時間に調理する爆，炒，溜などは，色々な調味料を順次加えていくと加熱しすぎてしまうので，あらかじめ，必要な調味料や香辛料を配合しておく。場合によっては，油やでん粉なども加えて混ぜ，近くに準備しておくことを碗献と言う。

４）　泡油＜パオ　イゥ＞（油通し）

　泡油とは，加熱した油の中をごく短時間くぐらせるという意味で，準備操作として食品を油の中で
ごく短時間加熱することである。熱した鍋の表面に油をなじませ，余分の油を除く。次に，材料に応
じて十分量の油を入れ，これを約140℃に加熱してから，食品をくぐらせる程度に通してすぐ取り出し，
油を切る。油通しは，次のような特徴があり，水分の多い野菜，肉塊，下味を付けて糊がけしたもの
などに利用される。

①　野菜などの表面組織が高温の油によってダメージを受け，そこから脱水が起こる。そのことでそ
　の後の仕上げの加熱調理の段階で，素材への味の染み込みがよくなる。
②　肉などは，たんぱく質が熱によって凝固し，表面の組織が締まる。そのため，その後に行う仕上
　げの加熱調理で形崩れが，起こりにくくなる。
③　油通しによって，野菜類，グリーンピースなどの緑色が鮮やかさを増し，褐変も起こりにくくな
　る。植物の細胞中のクロロフィル（葉緑素）は，たんぱく質と弱い結合をしているが，加熱によっ
　て遊離する。ゆでる場合には野菜の有機酸によって，ゆで水がやや酸性となり，ウエオフィチンが
　生成し，緑褐色になることがある。しかし，油を用いて高温短時間で調理する場合には，このよう
　な変化が起こりにくく，色鮮やかに仕上がるという利点がある。
④　掛糊（糊がけ）には，小麦粉，でん粉または水溶きでん粉などが用いられるが，高温処理によっ
　てでん粉が糊化し，材料の表面を薄い膜で覆うことになる。このため，水分が逃げにくくなり，材
　料のうま味と軟らかさが保たれる。
⑤　材料同士の表面がくっつき合うことがなく，光沢のある仕上げができる。
⑥　材料に油脂の味が加わり，口当たりがまろやかに仕上がる。
⑦　油通しによって，材料に平均して火が通るので，その後の加熱調理で加熱むらが起こるのを防ぐ
　ことができる。

５）　製湯＜ヂィ タン＞（中国風だしを作る）

　湯は日本のだし汁，西洋のスープストックに相当する。この湯はスープ料理はもとよりのこと，炸
菜＜ヂャア ツァイ＞（揚げ物）と烤菜＜カオ ツァイ＞（直火焼き）を除くほとんどの料理に使われる
ものである。

　だしをとる材料は，うま味があって，生臭みの少ないものがよい。一般に鶏，鶏の骨，豚の赤身肉，
足，骨など，火腿＜フオ トェイ＞（中国ハム），乾鮑＜ガン バオ＞（干しあわび），乾貝＜ガン ベイ＞
（干し貝柱）などから良いだしがとれる。家庭料理では，蝦米＜シャ ミィ＞（干しえび），素湯＜スゥ
タン＞（精進用だし）には大豆，もやし，昆布，しいたけなどが用いられる。

　香味野菜は，ねぎとしょうがである。

○　湯に関する用語

掃湯＜サオ タン＞：だしの味をよくし，にごりを吸収させるために，加熱中に鶏肉のすり身などを投
　　　　　　　　　　じて，かき混ぜあくを吸わせてから，すくいとってから捨てること。
熬湯＜アオ タン＞：だしの素になる材料を煮出して，湯（スープ）を作ること。

4. 加熱調理

中国料理における加熱調理は，煮る，焼くという単一調理操作よりも，油焼きしてから煮たり，ゆでてから揚げて蒸すというように複合調理操作の多いのが日本料理，西洋料理などと比較した場合際立った特徴である。水を熱媒体とする「煮る」調理を一例にとってみよう。その材料は既に油通しがしてあったり，揚げてあったりする。そうした調理操作を組み合わせることによって，多様な風味を創り出しているのである。その「煮る」という調理操作の名称にしても，汁の多少，火力の強弱，味の濃淡などによって，それぞれ異なった呼び名が与えられているのも大きな特徴である。

図Ⅱ-1に，熱源である「火」と，熱媒体となる「油」「水」「空気」の4つの要素を頂点とした「調理の四面体」を示した。

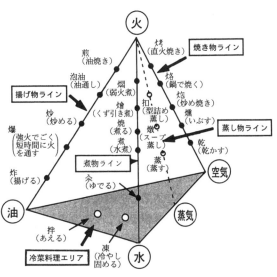

図Ⅱ-1 調理の四面体

「調理の四面体」は，調理の法則性を解析する手法である。
底面の3つの頂点には熱の媒体である「油」「水」「空気」を，残りの頂点には熱源である「火」を位置付け，「火」と他の3つの頂点を結ぶ稜線を次のように名付ける。
・「火」-「油」は「揚げ物ライン」，「火」-「水」は「煮物ライン」，「火」-「空気」は「焼き物ライン」。
例えば，揚げ物ラインを例にとると，「炸（揚げる）」は「油」の要素が強く，「煎（油焼き）」は「火」の要素の強いことを表す。また，底面は冷菜料理のエリアである。
（この図は，玉村豊男：料理の四面体，鎌倉書房，183，1980を参考に作成）

4・1 油を熱媒体とする調理

1） 炒＜チャオ＞

中国料理の中で最も基本的，普遍的な調理法である。鍋に少量の油を入れて強火で熱し，材料を高温の下で，短時間に加熱する。油は食品が鍋にくっつくのを防ぎ，油脂を付ける役割をする。油脂の使用量が少なく，焦げ付きやすいので，かき混ぜたり鍋を揺り動かしたりして，材料を絶えず動かす操作を行うのが普通である。炒には，次のような特徴がある。

① でん粉は，水分を含んだ状態で一定時間炒めると糊化し，更に高温で乾熱（水分を加えない状態で，加熱する）されると，分解してデキストリンとなる。

② 肉や魚はそのまま炒めたり，下味を付けたり，糊がけして炒めるが，たんぱく質が熱変性を起こすことで，うま味などのエキス成分の流出を防ぎ，崩れにくくする。

③ 高温で短時間加熱するため，ビタミン類が壊れることが少ない。各種調理によるビタミンCの損失を表Ⅱ-1に示した。

表Ⅱ-1 各種調理によるビタミンCの損失
（%）

野菜名	ゆでる	煮る	蒸す	炒める	揚げる
ホウレンソウ	44	52		18	
キャベツ	37	42		25	
カリフラワー	35		12		
ハクサイ	43	53		26	
キョウナ	35			27	
モヤシ	42	36		47	
ネギ	48	37		21	4
タマネギ	34	33		23	30
ナス	47			23	
カボチャ	29	37		17	
ジャガイモ	15	45	12	30	10
サツマイモ	17	30	26	20	4
レンコン	35	29		28	
ダイコン	33	32		38	
カブ	17	39		25	
ニンジン	18	10		19	
サヤエンドウ	43	25		16	
サヤインゲン	48			32	

（吉田企世子：野菜と健康の科学，㈳日本施設園芸協会編，養賢堂，61，1994）

④　油通しの場合と同じように，高温短時間の加熱のため，クロロフィルを含む食品は色鮮やかさを増す。また，油溶性のカロテノイドは体内での吸収率が高まる。

　　（例：青椒牛肉絲＜チン ジヤオ ニュウ ロウ ス＞：ピーマンと細切り牛肉の油炒め）

　2）　炸＜ヂァア＞

油を媒体とする熱の対流を利用した調理法で，多めの油を加熱し，その中に材料を入れて揚げる。使用する油量は火を使う調理の中で最も多い。油は熱媒体の役割だけでなく，材料に吸収されたり，付着して食味を良くする働きもある。炸には，次のような特徴がある。

①　多量の油を用いるので，100℃以上の温度を利用することができる。炸で利用する温度は120〜200℃であるが，160〜190℃での利用頻度が最も高い。

②　加熱調理の中で，食品の内部温度の上昇が最も速く，最も短時間に調理できる。温度調節もかなり容易である。

③　油の温度は，材料と調理の目的によって異なる。大型の魚や鶏などは，中心温度まで十分に加熱する必要があるため，二度揚げ，三度揚げなどの操作を行う。最初は，脱水と内部まで火を通すことを目的として，130〜140℃で揚げる。仕上げには180〜190℃という高温でカラリとなるように揚げる。炸は，材料の素の形をあまり損ねることなく，風味とテクスチャーを良くすることができる。

④　食品中の水分は速やかに蒸発し，同時に油が材料の内部に浸透する。油と水の交換が起こるのである。揚げた製品の油の量は10〜40％である。

　　（例　炸吉力魚＜ヂァア ジィ リィ ュィ＞：魚のフライ）

　3）　爆＜バオ＞

強火で瞬間的に火を通す調理である。一般に，高温の油で，一気に炒め揚げる調理法であるが，材料を鍋に入れると同時に，ジャーッと激しい音が起こるので，「爆」の字のイメージそのままの調理法である。瞬間的に材料の表面に熱が加わり，膜ができて，成分の流出を防ぎ，特有のテクスチャーが作られる。

　　（例　油爆蝦＜イウ バオ シャ＞：殻付きえびの強火炒め）

　4）　煎＜ジェン＞

加熱した鉄鍋に油を引き，材料の表面が適度に色付くように油焼きする調理法である。火力は弱火か中火とし，炒のように混ぜながら炒めるのではなく，材料が重ならないように並べ，焼き色が付いたら裏返して，更に片面を焼く。形を崩さずに香ばしさや色を付けるために，ミンチ状の肉やえびのすり身などを平らにまとめたり，詰め物にする場合によく用いられる。煎して形を整えた後に，蒸したり，汁を加えて煮る場合もある。

　　（例　糟煎青魚＜ザオ ジェン チン ュィ＞：青魚の酒粕漬け油焼き）

　5）　鍋貼＜グオ ティエ＞

片面焼きである。平たい形の材料を油を引いた鍋で焼き，裏に返さずに片面だけを焼いて火を通す。焼き餃子の焼き方はこの鍋貼である。

　　（例　鍋貼魚＜グオ ティエ ュィ＞：薄切り魚の重ね焼き）

4・2　水を熱媒体とする調理

1）　氽＜ツォワン＞

熱湯または熱したスープに材を入れて，火を通す調理法である。下調理として用いる場合には，加熱を半分から7～8割程度に押さえ，仕上げの加熱調理に備える。

氽には次のような特徴がある。

①　水を媒体とすることから，加熱温度は100℃またはそれ以下を利用する。

②　水溶性成分，特に無機成分やビタミンB，Cの損失は大きい。

③　一般に，材料の組織が軟らかくなり，テクスチャーが向上する。

④　ある程度火を通しておくことで，その後の加熱時間を短縮し，迅速に調理することができる。

⑤　色々な食材を組み合わせて調理する場合に，それぞれの材料の火の通りやすさに応じて加熱時間を調整することで，仕上がり時間を合わせることができる。

（例　爆肚＜バオ　ドゥ＞：内臓の湯通し）

2）　煮＜ヂュウ＞

材料をたっぷりとした水またはスープの中で煮て，火を通す調理である。はじめは強火とし，煮立ったらアクをすくい取り，弱火にして十分に火を通すのが普通である。

「煮」の字は日本料理では，煮物全般について用いるが，中国料理では，汁の多少・濃度，火の強弱，時間の長さなどによって，「煮」の調理を多種類に分類している。料理として仕上げる料理よりも，下調理として，大切りした肉を水煮，スープづくりで，鶏を水煮するというような場合に「煮」を用いることが多い。

（例　煮乾絲＜ヂュウ　ガン　ス＞：豆腐乾の細切り薄味スープ煮）

3）　焼＜シャオ＞

通常は煮込む調理法を指すことが多いが，叉焼肉（焼き豚）のように焼く料理をいう場合もある。煮込む場合には，材料を水煮，蒸す，炒める，油通し，油焼き，揚げるなどの熱処理をしてから，水またはスープに調味料を加えて煮る。火加減ははじめ強火で煮立ったらアクをすくい取り，中火か強火にして味を含ませ，仕上げは強火にして煮汁を濃くする。煮詰まってとろみがつくか，薄くくず引きを行う。

煮汁の色，調味料の変化，汁の量の多少で紅焼，黄焼，白焼，乾焼などに分類されるが，代表的なものは紅焼と乾焼である。

（例　乾焼明蝦＜ガン　シャオ　ミン　シャ＞：殻付きえびの辛味炒め煮）

4）　燴＜ホェイ＞

くず引き煮のことで，材料をスープで煮て汁を緩くくず引きする調理法である。形が崩れやすい，すり身の細工もののような材料を用いる場合には，蒸して火を通し，スープをくず引きしてかけることもある。材料は適当な大きさに切りそろえ，あらかじめ火を通すか，煮えやすい口当たりの軟らかいものがよい。汁が薄味で淡い色なので，色彩が生き，風味が清淡であることが特徴の一つである。

（例　八宝素燴＜バァ　バオ　スゥ　ホェイ＞：五目野菜のくず引き煮）

50

5）　燜＜メン＞

　弱火煮のことで，ふたをした鍋で弱火で煮る調理法である。材料をあらかじめ揚げるか，油で焼き付け，または熱湯で湯通しするなどして表面を引き締め，崩れにくい状態にしてから汁や調味料を加えて煮込む。煮込む時間は「焼」より長く，「燴」に比較すれば短い。この調理法の特徴は，ぴったりとふたをして煮込む点にあり，蒸気を逃がさず，多少の圧力が加わることによって味が中までよく染み込む。

　（例　栗子鶏＜リィ ズ ジィ＞：栗と鶏のぶつ切り煮込み）

6）　煨＜ウェイ＞

　うずみ火ほどの弱火でゆっくり煮る調理法である。初めは水分は多いが，長時間煮詰めるので濃厚な汁となり，材料によく吸収されて仕上げる。

　（例　東坡肉＜ドン ポォ ロウ＞：豚の角煮）

4・3　蒸気を熱媒体とする調理

1）　蒸＜ヂョン＞

　蒸気を熱の媒体として加熱する調理法である。多くの場合，鍋に湯を沸騰させ，その上に竹製の蒸し器（せいろう）をのせて，材料を入れ，下から上がる蒸気で蒸す方法がとられている。利用する温度は85〜100℃である。

　「蒸」の長所は材料の表面が乾燥しにくく，比較的色も損なわれず，「煮」の操作に比べて形が崩れにくいことである。また，汁が煮詰まって味が変わったり，焦げ付くことなく十分に火を通して味を含ませることができる。蒸すという調理法は，東アジアを中心として行われている特徴的な手法である。

　（例　青蒸魚＜チン ヂョン ユィ＞：魚の皿蒸し）

2）　燉＜ドゥン＞

　スープ煮，スープ蒸しのことである。材料を原形のまま，あるいは大切りにして，スープまたは水の中に入れて，長時間かけて蒸し煮する調理である。

　土鍋，深鍋などの容器に入れ，間接的に加熱する調理であるため，スープや水の対流が小さく，汁の濁りや煮崩れの起きないのが特徴である。

　（例　燉冬瓜盅＜ドゥン ドン ゴワ ヂョン＞：とうがんのスープ蒸し）

3）　扣＜コウ＞

　型詰め蒸し煮のことである。「扣」とは，すっぽりふたをかぶせる，伏せておくという意味がある。下調理した材料を深鉢などに整然と詰め，これを蒸して十分に加熱し，味をなじませた後，器に返して盛り付ける。宴会料理に多く用いられるが，煮崩れや盛り付けでの形の崩れがなく，高級素材の調理に適する。

　（例　扣肉＜コウ ロウ＞：豚肉の型詰め蒸し煮）

4・4　空気を熱媒体とする調理

1）　烤＜カオ＞

直火焼きのことである。大切りの肉，あるいは鶏，あひる，仔豚などを丸のまま炉を用いて直火焼きする。おだやかな放射熱によって満遍なく火が通り，日本焼き物料理で言われている"遠火の強火"の原理が生かされている。

肉の表面のたんぱく質が熱で凝固し，うま味などのエキス成分が内部に閉じ込められ，流れ出ることがない。そのため肉の持ち味を保ちながら，適度の焼き色や香ばしさなど風味が良くなり，カリッとしたテクスチャーを作り出すことができる。

（例　北京烤鴨＜ベイ ジン カオ ヤ＞：北京＜ペキン＞ダック，あひるのあぶり焼き）

2）　烙＜ラオ＞

焼くことをいうが，主として小麦粉などの穀粉をこねたものを，鍋で焼くことである。華北地方の常食とされている烙餅は，小麦粉をこねて平たくし，焙烙＜ベイ ラオ＞（ほうろくに類する，小さな穴のあいている素焼きの板），または鉄板に油を塗って焼いた食品である。

3）　炮＜パオ＞

強火にかけた油鍋で炒め焼きすることである。古代の調理法の一つである。毛の付いたままの肉を焼いて，毛を除くことを意味する。また，材料を粘土で包んで焼く，何かで包んで焼く，すなわち包み焼きにするなどの解釈がある。

（例　毛炮＜マオ パオ＞：毛付きの肉を焼く）

4）　乾＜ガン＞

乾かすことで，主として乾貨，加工肉などの食品製造に用いられる手法であり，一般的な調理工程においても素材を乾かすことにより，余分の水分を除いたり，持ち味を濃縮させ，独特の歯ごたえや弾力性を持たせる効果をあげる場合がある。

（例　風乾鶏＜フォン ガン ジィ＞：塩と香辛料で漬けた鶏の風干しを蒸した料理）

5）　焙＜ベイ＞

火であぶり乾かすこと，あぶり焼きすることを言う。

古代人が，食べ物を火で焼いて食べる知恵を持ったころから行われた調理法である。また，ほうじることも言う。

（例　焙花椒塩＜ベイ ホワ ジヤオ イェン＞：山椒をゆっくり炒って香りを出したもの）

6）　燻＜シュン＞

いぶすことで，燻製用のかまどで木くずなどを燃やし，香りの出る茶の葉や香木，香料，光沢の付く砂糖などを加えていぶし焼くと，煙が充満して，食欲をそそる焼き色と特有の香りを材料に付けることができる。

簡単には，中華鍋の底に砂糖や香料を散らして弱火にかけ，網をおいて材料をのせ，ふたをすると密閉した中でいぶすことができる。

（例　樟茶鴨＜ヂャン チャ ヤ＞：あひるの燻製）

4・5　仕上げ調理

　中国料理では，加熱調理が終わった後で，仕上げの操作を行って料理が完成するものがある。代表的な仕上げ調理について述べる。

　1)　勾芡＜ゴウ チエン＞

　勾芡とはくず引きのことで，とろみ付けを意味する。調理の仕上げにでん粉を溶いた水か調味料をそそぎ入れ，とろみを付けることである。鍋の中の料理にくず引きをする場合と，別にとろみを付けた調味料を作って，皿に盛り付けた料理に，くず引きをする場合がある。いずれも，中国料理の最も特徴的な手法であり，光沢と滑らかさを与える。くず引きの機能は次のようである。

① 　保温性を高め，熱いことが条件である料理を冷めにくくする。

② 　料理の汁に粘性と濃度を与え，それによって料理と煮汁がよくなじむ。油を多く用いる中国料理の汁中の油と水をよく融合させる。

③ 　揚げた材料に勾芡をからめる料理では，歯触りよく揚がった材料と，ねっとりとして滑らかなくずあんの対比と調和が，中国料理らしい特有のおいしさを作り出している。

④ 　とろみを付けたスープの汁の比重は大きくなるので，蛋花（かき卵）を流す時にも，表面に浮かび上がらせることができる。

⑤ 　料理の光沢をよくし，色彩を美しくする。（例　八宝飯＜パァ バオ ファン＞：透明なくずあんをかけることにより，光沢を付け，料理を長時間しっとりと保つことができる）

○勾芡の種類

① 　厚芡＜ホウ チエン＞：濃いくず引きで，爆，溜，炒に適する。

② 　糊芡＜フウ チエン＞：やや濃く，燴＜ホェイ＞に適する。

③ 　薄芡＜バオ チエン＞：薄いくず引きで料理にかけた場合，皿にも流れている状態のとろみである。

④ 　湯芡＜タン チエン＞：最も薄いくず引きで，スープのくず引き程度の濃度である。

　2)　溜＜リュウ＞

　溜とは，とろりとくず引きしたくずあんをかけた料理を言う。既に，炸＜ヂァア＞（揚げる），蒸＜ヂョン＞（蒸す，ゆでる），煮＜ヂュウ＞（水煮する）などの調理操作を行って，火が通っているか，または半加熱状態のところにあんをからませて仕上げる。

　第1段階：材料をすっかり火を通すか，または半加熱状態にする。

　第2段階：汁をくず引きにする。多くの場合はくずあんを別に用意する。しかし，同じ鍋の中で，
　　　　　　くず引きをする場合にはこれで完了する。

　第3段階：材料にくずあんをかけるか，またはからませる。

　くず引きしたあんは，数種の調味料，水，油を融合させ，保温性が強く，舌触りを滑らかにする。しかし，くずあんをかけたために，材料の方が煮え過ぎて，丁度良い歯ごたえや美観が損なわれてはいけない。特に，揚げた材料にくずあんをからめる溜菜の場合には，舌触りは滑らかで，歯触りはカリッとした軽い食感でなければならない。この両ポイントを同時に満足させることは中国料理らしい特徴である。

　（例　咕咾肉＜グゥ ラオ ロウ＞：酢豚）

3） 抜絲＜バァ ス＞

抜絲とは，揚げた材料にあめをからませることを言う。材料を油で揚げ，熱いうちに砂糖を煮溶かして，糸を引く程度に煮詰めた砂糖液をからませることである。煮詰め温度は，銀糸の場合は140℃，金糸の場合は160℃が適当である。

（例　抜絲山薬＜バァ ス シャン ヤオ＞：やまいものあめからめ）

4・6　冷菜の調理

冷菜として，前菜やおつまみとして供する料理としては，次のような条件が必要である。

①　冷めても味が悪くならないこと

②　酒の肴向きの料理

③　食欲をそそるものであること

などが挙げられるが，熱い状態で供する料理に比べて，異なった調理工程がある。すなわち，加熱しないで調味料で和えるだけであったり，みそや酒粕に漬け込んであったりするものを用いたりする。

1）　涼＜リャン＞

冷たいという意味があり，拌＜バン＞（和える），凍＜ドン＞（冷やし固める）などの調理，およびその料理を形容した語である。

中国料理は熱いことが原則なので，主として前菜に用いられる言葉である。

（例　涼拌麺＜リャン バン ミェン＞：冷やし中華そば）

2）　拌＜バン＞

和えるという調理法である。調味料，油，刻んだ香味野菜などを混ぜた混合調味料で和えることである。

冷菜に用いられる最も主要な調理法で，冷たく，すっきりとして食欲をそそるよう心掛けることが大切である。

①　生拌＜ション バン＞：材料は主として野菜，生の素材で，洗浄，消毒をした後，合わせ調味料などで和える。

（例　涼拌海蜇＜リャン バン ハイ ヂョウ＞：くらげの酢の物）

②　熟拌＜シュウ バン＞：生拌に対して材料に火を通してから調味料で和える。

（例　熟拌蝦片＜ルオ バン シヤ ピェン＞：えびの和え物）

3）　凍＜ドン＞

冷やし固めることであり，冷やすことによって，材料と汁を固める調理法である。透明な質感や，滑らかな口当たりが食欲をそそるので，前菜として供する冷菜として用いられることが多い。ゼラチン質の多い骨や皮の煮出した汁を，自然の煮こごりとして冷やし固める場合と，寒天やゼラチンを加えて固める場合がある。

また，実際に凍らせる冷凍の場合もある。

（例　凍鶏＜ドン ヂィ＞：鶏肉の寄せ物）

什錦拼盤 (ジイ ジン ピン パン)

1. パイナップル
2. 豆腐干
3. ハム
4. チェリー
5. ハム
6. 豚の舌
7. 豚の舌
8. あわび
9. トマト
10. くらげ
11. かにハム
12. 白切鶏
13. 蒸し卵黄

(顧中正編著：『中国料理百科理論と名菜譜抜粋600選』より)

III 冷菜・前菜

1．冷菜・前菜の基礎理論

1・1　冷菜とは

　冷菜は，冷たい料理であるが，生ものやゆでたり煮たりした素材を冷やしてから切り，調味料をかけたり和えたりして供する。熱い状態で供されることの多い中国料理の中でも，冷たい料理は前菜やおつまみとしても利用される。

　冷菜は拌＜バン＞：和える，滷＜ルゥ＞：滷水＜ルゥ ショエイ＞で長時間煮込んで味と香りを付ける，熗＜チャン＞：野菜類を塩もみして軽く炒める，燻＜シュン＞：味を付けた後，燻製にする，凍＜ドン＞：ゼラチン質を利用して寄せ固めるなど様々な調理法を駆使して作られる。

　冷菜には，素材の持つ風味や色，形を生かして一皿に盛り付けた冷盆＜ロン バン＞と，風景，想像上のおめでたい動物などをかたどって，大きな皿に盛り合わせた拼盤＜ピン パン＞や少量を盛り付けてつまみとして食べられることが多いが，次のような条件が満たされていることが望ましい。

① 冷めても味や色が悪くならない。
② 食欲をそそるものである。
③ 次から出てくる料理を暗示し，より楽しみを増すものである。
④ 美しい盛り付けで食卓の雰囲気を演出できる。

　また，温菜は，冷菜と同様な調理操作を行うが温かいうちに供される。

1・2　冷菜の分類（p.57参照）

1・3　前菜とは

　筵席＜イェン シイ＞（宴会）料理の最初に供されるものであるが，菜単＜ツァイ ダン＞＝菜譜（メニュー）の初めに書かれている。本来は酒の肴としての位置付けがなされていたが，後に供される大菜＜ダア ツァイ＞（主要な料理）への導入部とも言えるものである。この出来栄えが，大菜その他の料理への期待感，料理全体を暗示するとともに，味覚，食欲に与える影響が大きい。

　前菜を大別すると，冷菜＜ロン ツァイ＞または涼菜＜リャン ツァイ＞と温菜＜ウェン ツァイ＞に分類される。

1・4　拼盤に用いられる材料と特殊な調味法

1) 肉類と内臓

陳皮牛肉＜チェン ピイ ニュウ ロウ＞（牛肉に陳皮の味を含ませたもの），焼肉＜シャオ ロウ＞（香

辛料として八角が用いられる焼き豚），火腿＜フォ トエイ＞（中国ハム），燻肉＜シュン ロウ＞（豚肉，鶏肉，ベーコン），凍鶏＜ドン ジィ＞（鶏肉の寄せ物），白切鶏＜バイ チェ ジィ＞（鶏肉をボイルした物）

心＜シン＞（豚，牛，鶏の心臓），牛舌＜ニュウ ショオ＞（牛の舌），肝＜ガン＞（豚，鶏の肝臓），腰＜ヤオ＞（豚の腎臓），肚＜ドゥ＞（豚，牛の胃袋）などは新鮮な素材を十分に水さらしをして，汚れやにおいを除き，滷水＜ルゥ ショエイ＞で煮込み，風味を付ける。

2）海産物

冷鮑魚＜リャン バオ ュィ＞（あわびの水煮缶詰），涼拌海蜇＜リャン バン ハイ ヂョオ＞（くらげの酢の物），油爆蝦＜イウ バオ シャ＞（小えびの皮付き炒め），蝦米糕＜シャ ミィ ガオ＞（えびすり身の蒸し物）。

3）野菜類

きゅうり，にんじん，白菜，しいたけ，アスパラガス，トマト，マッシュルーム，香菜（中国パセリ）。

4）卵　類

皮蛋＜ピィ ダン＞（あひるの卵の加工品），鹹蛋＜シェン ダン＞（塩漬けのあひるの卵），蒸蛋黄＜ヂョン ダン ホワン＞（卵黄の蒸し物），蒸蛋白＜ヂョン ダン バイ＞（卵白の蒸し物）。

5）でんぶ類

蛋鬆＜ダン スン＞（たまご），肉鬆＜ロウ スン＞（肉類），紅鬆＜ホン スン＞（にんじん），緑鬆＜リュィ スン＞（ほうれんそう），魚鬆＜ュィ スン＞（魚類）。

6）滷水＜ルゥ ショエイ＞・汁子＜ヂィ ズ＞（ソース）

基本的な滷水＜ルゥ ショエイ＞：スープにしょうゆ，砂糖，塩などの調味料とねぎ，しょうが，カラメル，香辛料（八角，花椒，桂皮，陳皮，丁香，甘草など）を加え沸騰させる。下ごしらえした素材を加え，弱火で約40分煮込む。

汁子＜ヂィ ズ＞の例：棒棒鶏汁子＜バン バン ジィ ヂィ ズ＞（四川風ごまみそソース），怪味汁子＜ゴワイ ウェイ ヂィ ズ＞（四川風ごまみそソースにんにく入り），椒麻汁子＜ジャオ マァ ヂィ ズ＞（さんしょうソース），麻辣汁子＜マァ ラァ ヂィ ズ＞（ごまからしソース），紅油汁子＜ホン イウ ヂィ ズ＞（香辛料入りにんにくからしソース），糖醋汁子＜タン ツゥ ヂィ ズ＞（甘酢ソース），酸辣汁子＜ソワン ラァ ヂィ ズ＞（からし酢ソース）。

III 冷菜・前菜 57

冷菜の分類

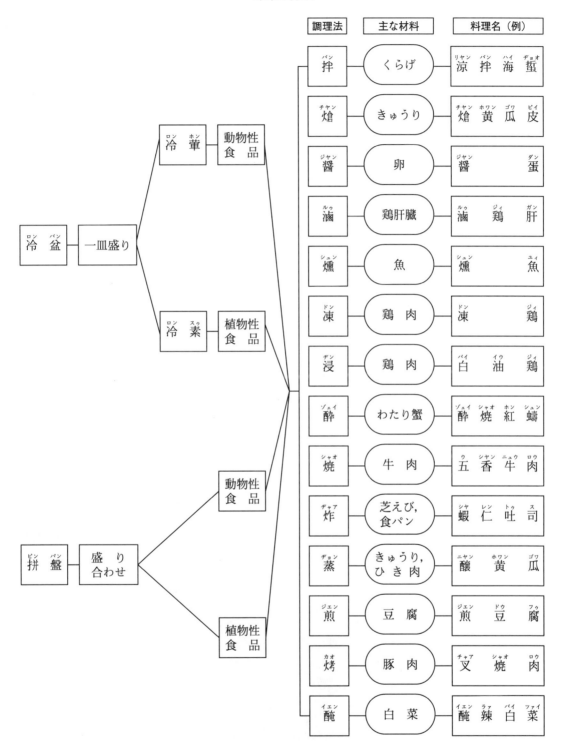

2．各種冷菜・前菜の実習

A 什錦小拼〈シィ ジン シャオ ピン〉（数種盛り合わせた冷前菜）

材料					
	鮑（水煮缶）	60 g		くらげ（塩蔵）	100 g
	プレスハム（角ハム）	50 g（3枚）		合わせ酢	
	アスパラガス（水煮缶）	60 g	C	┌ 酢	15ml（大S1）
	しいたけ	特大2枚		│ 塩	1.4 g（小S1/4）
	┌ しいたけのもどし汁	100ml（1/2cup）		│ しょうゆ	7.5ml（大S1/2）
	│ ┌ しょうゆ	27ml（大S1・4/5）		│ 砂糖	1.5 g（小S1/2）
A	│ │ 砂糖	8 g（大S1）		└ ごま油	15ml（大S1）
	│ └ 酒	15ml（大S1）		たれ	
	│ 炒め油	15ml（大S1）		┌ 酢	15ml（大S1）
	└ ごま油	15ml（大S1）		│ しょうゆ	15ml（大S1）
	トマト（中1/2個）	80 g	D	│ 砂糖	8 g（大S1）
	ピータン	1個		│ 練りがらし	5 g（小S1/4～1/2）
	きゅうり（小1本）	150 g		└ ごま油	5 ml（小S1）
	┌ 酢	5～10ml（小S1～2）			
B	│ 砂糖	1.5～3 g（小S1/2～1）			
	└ 塩	1 g（小S1/5）			

　什錦＜シィ ジン＞（または十景）は多数の良い材料を意味し，三鮮・四宝から更に数が増えて10種類であるが，必ずしも10種類ではなく多数の材料を具にしていることを表している。これらを盛り合わせた（小拼＜シャオ ピン＞）冷菜である。

調理上のポイント

① くらげ（塩蔵）は一晩流水で塩抜きをしたものを用いる。
② くらげは8 mm程度の幅に切り，約50℃の湯にさっと通し，縮れ始めたら水に取り，水切りしておく。
③ 鮑はひもを切って大きく刻み，肉は表から薄切りにする。
④ ピータンは濡れた包丁で8等分のくし形に切る。1回ごとに包丁をぬれふきんで拭くと切りやすい。また，あらかじめ切って放置しておくと，アルカリ臭が飛んで供しやすくなる。
⑤ 鮑，ハム，しいたけの切り落とした部分は，中央のくらげの下に盛り込むとよい。

III 冷菜・前菜　59

什錦小拼

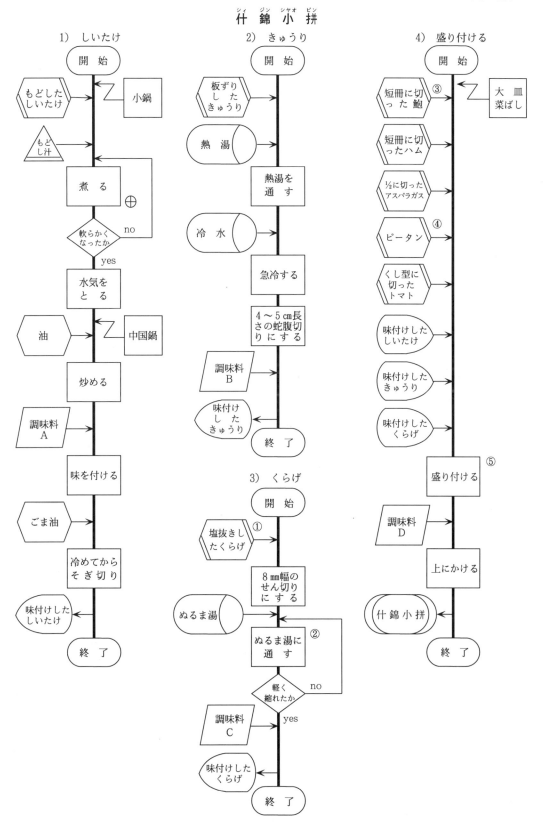

B 涼拌海蜇（くらげの酢の物）

材料	くらげ		100 g	
		酢	15ml	（大S1）
		塩	1.4 g	（小S1/3）
	A	しょうゆ	7.5ml	（大S1/2）
		砂糖	1.5 g	（小S1/2）
		ごま油	15ml	（大S1）
	きゅうり（1本）		150 g	
		塩	少々	
		酢	少々	
	ボンレスハム		100 g	
	たれ			
		酢	15ml	（大S1）
	B	しょうゆ	15ml	（大S1）
		砂糖	8 g	（大S1）
	練りがらし		5 g	（小S1）
	ごま油		5 ml	（小S1）

涼＜リヤン＞は「冷たい」の意味で，調理法というよりは料理を形容した言葉で，拌＜バン＞（和える）と言う調理法の海蜇＜ハイ ヂョオ＞（くらげ）を素材とした冷菜のことで，くらげの和え物を意味する。

調理上のポイント

① くらげの下処理は什錦小拌の時と同様にする。

② きゅうりは板ずり後，斜め薄切りにし，そろえてせん切りにする。

③ サラダ菜を添えてもよい。

C 辣白菜（白菜の辛み漬け）

材料	白菜（1/4株）		250 g	
		赤とうがらし	1本	
		ごま油	60ml	（大S4）
		酢	60ml	（大S4）
		砂糖	18 g	（大S2）
		しょうゆ	60ml	（大S4）
		塩	5 g	（小S1）

前菜，酒の肴として好まれる北京料理の1つ。

調理上のポイント

① 白菜はゆで加減が平均になるように茎の方からゆで，ゆで過ぎないように注意する。代わりに，一夜漬けの白菜を用いてもよい。

② 味が浸透しやすいように，かけ汁はとうがらしを入れて一度沸騰させ，熱いうちに盛り付けた白菜にかける。2～3時間以上漬けると味がなじむ。

参 考

辣油（油の中にとうがらしの辛みを染み出させたもの）を用いた例

1) 辣汁藕片＜ラァ ヂィ オウ ピエン＞（れんこんの辛み和え）

2) 辣汁洋芹菜＜ラァ ヂィ ヤン チン ツァイ＞（セロリの辛み和え）

3) 辣汁蘿蔔＜ラァ ヂィ ルオ ボォ＞（だいこんの辛み和え）

4) 辣汁大頭菜＜ラァ ヂィ ダア トウ ツァイ＞（かぶの辛み和え）

5) 辣拌巻菜＜ラァ バン ジュアン ツァイ＞（キャベツの辛み和え）

・辣＜ラァ＞（辛さ）；基本味の1つで辛さを表すが，こしょう，にんにく，しょうが，日本のわさびなどの辛さも含まれており，特にとうがらしの辛さのみを表すものではない。

Ⅲ 冷菜・前菜 61

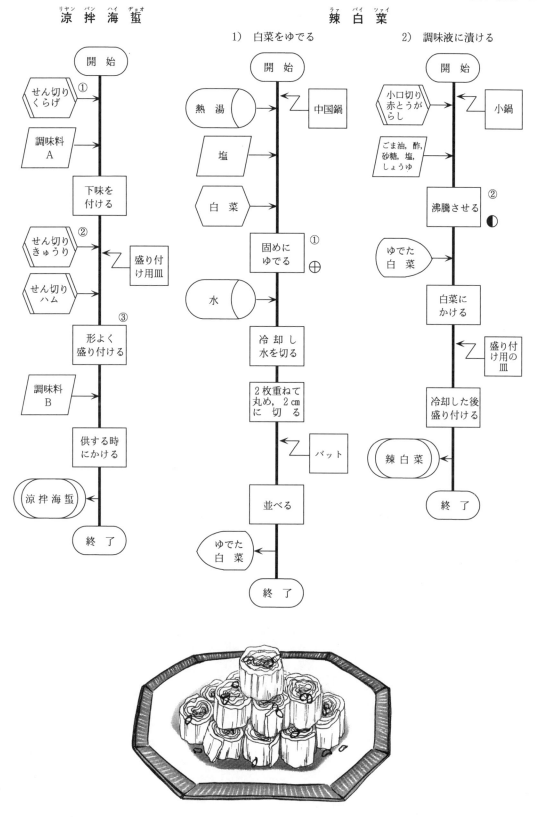

D 棒棒鶏（バンバンジィ）（鶏肉のとうがらしごま和え）

材料	ひな鶏もも肉（骨付き）	1本	たれ		
	塩	1 g（小S1/5）	芝麻醤	15〜30ml（大S1〜2）	
	こしょう	少々	酢	15ml（大S1）	
	ねぎ	20 g	しょうゆ	15ml（大S1）	
	しょうが	10 g	砂糖	4 g（大S1/2）	
	しょうゆ	30ml（大S2）	豆瓣醤	3.5 g（小S1/2）	
	揚げ油	600ml（3 cup）	辣油	2.5ml（小S1/2）	
	きゅうり	50〜100 g	ねぎ（みじん切り）	4〜8 g（大S1〜1/2）	
	セロリ	30〜45 g	しょうが（ 〃 ）	5〜10 g（大S1〜1/2）	
	トマト	80 g	にんにく（ 〃 ）	5〜10 g（大S1〜1/2）	
	サラダ菜	1/2株			

　四川の代表的な冷菜の1つ。蒸すか，ゆでるかした鶏を，棒でバンバンとたたいて肉を軟らかくし，細切りにして盛り付ける。その棒でたたくことが名前の由来とされている。

調理上のポイント

① ねぎは斜め切りにし，しょうがはたたいてつぶす。

② 鶏肉の水気は十分にふきんでふいておくこと。かなり油がはねるので，炸鑓を逆さにしてふたをするとよい。

③ 鶏肉は手で裂くか，包丁で細かく切ってもよい。

④ 芝麻醤がない時は，白ごま10 gとごま油7.5mlで当たりごま風に作る。

⑤ サラダ菜を敷き，山高に盛り付ける。皿の大きさにより，涼拌海蜇や春雨の酢の物を一緒に盛り合わせてもよい。

参　考

　同じような調理法で，用いる獣鳥肉の種類と，たれの組み合わせにより，数種の料理に応用できる。

1) 椒麻鶏＜ジャオ マァ ジィ＞（鶏肉のさんしょうソース味）

2) 紅油鶏片＜ホン イウ ジィ ピェン＞（鶏肉の辛みソース味）

3) 怪味鶏丁＜ゴワイ ウェイ ジィ ディン＞（鶏肉のかわり和え）

4) 蒜泥白肉＜ソワン ニイ バイ ロウ＞（ゆで豚肉のにんにくソース味）

III 冷菜・前菜 63

棒棒鶏(バンバンジィ)

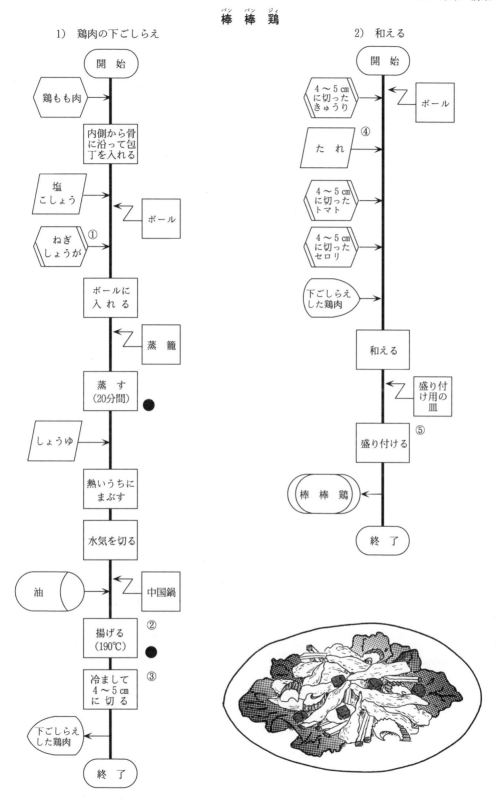

E 涼拍黄瓜
リヤン バイ ホワン ゴウ

（たたききゅうりのしょうゆごま油かけ）

材料	きゅうり（3本）	450 g
	塩	5 g（小S1）
	しょうゆ	45ml（大S3）
	ごま油	45ml（大S3）
	砂糖	1.5 g（小S1/2）
	しょうが	少々

きゅうりの用途は生食がいちばん多く，涼菜＜リヤン ツァイ＞には欠かせない素材である。涼拍黄瓜はきゅうりが主材料になったもの。

調理上のポイント

① たたき割るので特別の風味が出る。即席の漬け物代わりになり重宝である。
② 辣白菜（p.60）と同様に漬け汁を沸騰させてきゅうりにかけるが，しょうがを入れると風味がよい。

F 涼拌魷魚（いかの和え物）
リヤン バン イウ ユィ

材料	もんごいか（大1杯）	
	しょうが汁	3 ml（小S2/3）
	酒	10ml（大S2/3）
	きゅうり	100 g
かけ汁		
A	酢	30ml（大S2）
	塩	2.5 g（小S1/2）
	砂糖	3 g（小S1）
	ときからし	5 g（小S1/2）
	ごま油	15ml（大S1）

魷魚＜イウ ュィ＞はやりいかを表し，肉が軟らかで味も大変良い。いかを主材料とした料理である。

調理上のポイント

① いかは内臓を取り，胴を開く。
② たっぷりの湯を沸騰後火を止めて，いかを手早く入れてかき混ぜ，色が変わり始めたら水に取る。
③ きゅうりは板ずりにした後，熱湯をくぐらせて冷水に取り，色出しする。

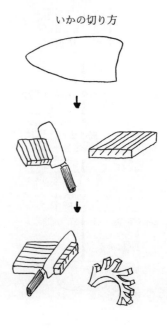

いかの切り方

III 冷菜・前菜 65

涼拍黄瓜(リヤンパイホワンゴウ)

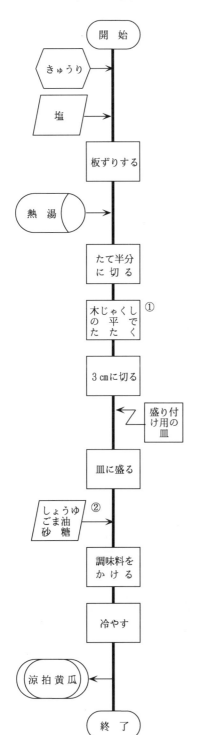

涼拌魷魚(リヤンバンイウユィ)

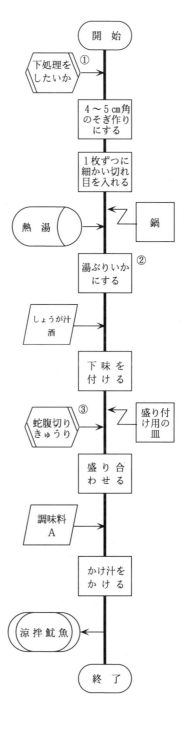

G 叉焼肉（チャア シャオ ロウ）（焼き豚）

材料		
	豚肩ロース肉	400 g
	ねぎ（1本）	80 g
	しょうが	15 g
	ういきょう	少々
A	酒	30ml（大S2）
	しょうゆ	90ml（大S6）
	塩	2.5 g（小S1/2）
	みそ	3 g（小S1/2）
	砂糖	9 g（大S1）
	パセリ	少々

叉焼＜チャア シャオ＞は焼烤＜シャオ カオ＞の一種で原料を下味の調味汁に漬け込んで十分に味を染み込ませ，蒸し焼き用のかまどで焼いたり，串に刺すか鉤につるして，あぶり焼きする調理法を表す。日本では広東風の呼び方の「チャーシュウ」でなじみ深い。

　そのまま切って皿に盛り，前菜としてもよいが，麺の具や炒飯の具にもする。「叉焼包（チャア シャオ バオ）」は，このチャーシュウを甘めのみそ状のたれとともに具にした広東風の肉まんである。

調理上のポイント

① ロース肉のほかにひれ，もも，すね肉などもよい。

② 肉は漬け汁に長く漬けると身が締まって味が落ちる。

③ 本来は直火焼きの料理だが，便宜上オーブンを使う。

参　考

オーブンを用いない時は，肉の表面を180℃の油で揚げるか，油で炒め焼きをした後，厚手の鍋に漬け汁と水を入れ，豚肉を弱火で約1時間蒸し煮する方法もある。

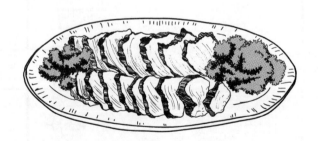

III 冷菜・前菜 67

叉焼肉 (チャアシャオロウ)

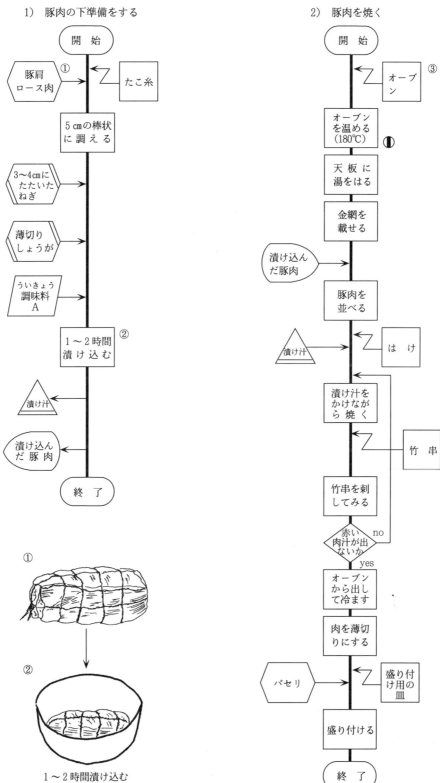

H 燻鶏 <シュン ジィ> (鶏のいぶし焼き)

材料	ひな鶏もも肉(骨付き)	2本
	ねぎ	80 g
	しょうが	15 g
	酒	45ml(大S3)
	塩	15 g(大S1)
	さんしょう	2 g(小S2/3)
	黄ざらめ	25 g(大S2)
	ごま油	少々
	ジャスミンティ	少々

燻<シュン>は煙でいぶし,薫香を材料に付ける調理法を表している。鶏肉の表面に光沢のある焼色と独特の香りが付く。これは鶏肉を用いたが,豚やあひる,魚介類を素材とする料理もある。

調理上のポイント

① ねぎはぶつ切り,しょうがは薄切りにする。

② 図のように置き,中火で温める。黄ざらめから煙が上がり,おいしい燻製になる。黄ざらめが焦げ過ぎると香りが落ちるので,ざらめの焦げ具合に注意する。いぶし方が不足の時は,アルミ箔を取り替えて繰り返す。

参 考

1) 即席燻魚<ジ シィ シュン ュィ>(するめいかを下ごしらえし,さっと塩ゆでにした後,腹の内外に塩とさんしょうを振り燻製にし,ごま油を塗る)。

2) 樟茶鴨<ヂャン チャ ヤ>(あひるのくすのき,茶の葉いぶし)。

3) 燻魚條<シュン ュィ ティヤオ>(魚の切り身のいぶし風)。燻製ではないが,小さく切り身にして燻魚風味を出した冷菜。鮮魚を下処理した後,條<ティヤオ>(拍子木切り)にして下味を付け,こんがりと揚げた後,ねぎ,しょうが,とうがらし,しょうゆ,砂糖などの調味料に漬け込む。

燻鶏（シュンジィ）

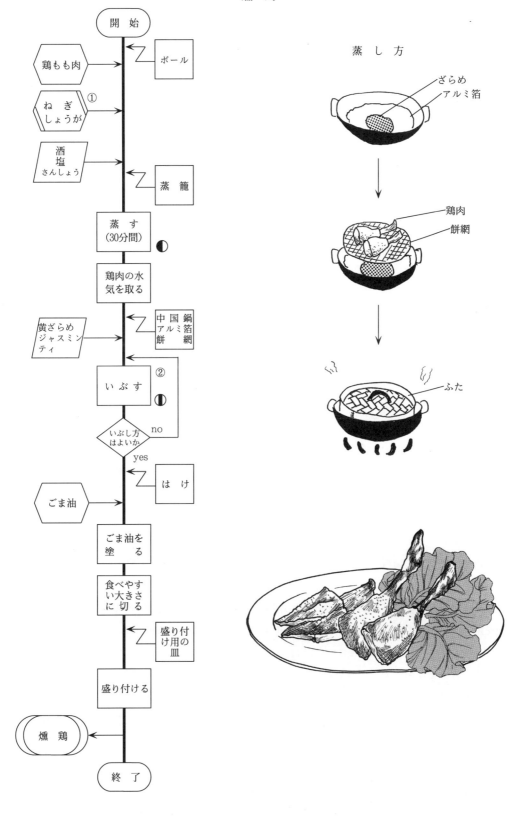

蒸し方

IV 炒 菜

1. 炒菜<チャオ ツァイ>の基礎理論

1・1 炒菜とは

炒とは，熱せられた鍋または鉄板と，油脂を熱媒体として食品を加熱する調理操作である。高温短時間加熱のため，栄養素の損失が少ない。油脂は，鍋と材料の密着を防ぐとともに，好ましい油脂の風味を付加し，滑らかさを与える。

1・2 炒菜の分類 (p.71参照)

炒は，下味を付けない生炒<ション チャオ>，下味を付ける清炒<チン チャオ>，下味を付け卵白とでん粉を付ける京炒<ジン チャオ>，下味を付け泡油する滑炒<ホウ チャオ>，でん粉を付けてそのまま炒める乾炒<ガン チャオ>などに分類される。炒のほかに，より高温短時間で炒め上げる煸<ビエン>や爆<バオ>，少量の油で鍋肌に押し付けるようにして焼き目を付ける煎<ジェン>の操作も広義の炒である。

1・3 炒菜の調理上のポイント

(1) 炒は高温加熱が原則であるから，鍋とコンロのバランスを考える。材料の適量は，1／3〜1／2が最も扱いやすい。鉄べらか鉄勺を用いて手早く材料を撹拌するか，鍋を動かして加熱効率を上げる。

(2) 鍋の前処理：油気のない鍋を弱火に加熱しておき，1〜2カップの油を鍋肌に回し入れ，油を油入れへ戻す。

(3) 材料の前処理：①材料の余分な水分は，油がはね，鍋の温度を下げて炒め時間が延び，材料内部から流出した水分が蒸発しきれず仕上がりが悪い。②泡油操作は，約140〜150℃に熱した油の中で，材料をくぐらせる程度に加熱することで，余分な水分が除去され，材料表面も熱変成が起きる。炸鏈を用いると便利である。③材料は，末 <モォ>（みじん切り），絲<ス>（せん切り），片<ピエン>（薄切り），丁<ディン>（さいの目切り），條<ティャオ>（拍子木切り）など比較的熱が通りやすく小さめに切っておく。硬い材料は，下ゆで操作を行っておく。

(4) 短時間で仕上がるように，材料，調味料，盛り付け用皿など，すべてを用意してから加熱操作を行う。鍋に仕上がったものを入れておくと，余熱で加熱が進行し，見栄えが悪くなる。鍋中で仕上がりの80〜90％程度の加熱を目安にする。

(5) 水溶き片栗粉を用いて仕上げる場合は，少量ずつ加える。糊化したでん粉は，つやを与え，材料表面を滑らかにする。

IV 炒菜 71

炒菜の分類

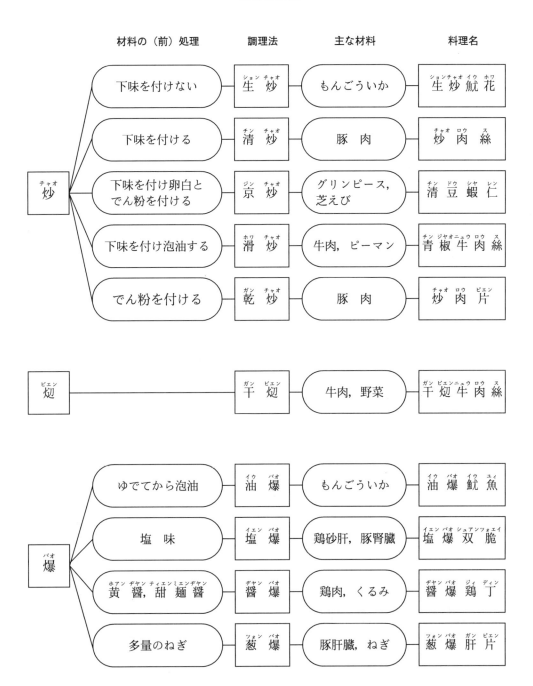

2．炒菜の実習

A 波羅肝片 <ブォルオガンビエン>
（パイナップルとレバーの炒め物）

材料			
豚レバー		150 g	
A	酒	15ml	（大S1）
	塩	1 g	（小S1/5）
	こしょう	少々	
	片栗粉	8 g	（大S1）
	油	15ml	（大S1）
揚げ油		200ml	（1 cup）
きくらげ（戻したもの）		40 g	
生パイナップル輪切り		2枚	
ねぎ		40 g	
しょうが		15 g	
B	しょうゆ	15ml	（大S1）
	酢	15ml	（大S1）
	さとう	8 g	（大S1）
	酒	15ml	（大S1）
水溶き片栗粉		15ml	（大S1）
ごま油		15ml	（大S1）

波羅<ブォルオ>はパイナップルのことで，梨<フォンリィ>とも言う。料理では甘酸っぱい味と香りを生かし，副材料に用いる。

調理上のポイント

① 新鮮なものを選ぶ。新鮮なものは臭みが少なく，血抜きは塩水で洗う程度でよい。

② レバーのような軟らかい肉の塊は，手のひらで肉全体をまな板に押さえるようにして，包丁を平行にして下から薄く切る。

③ ねぎは1cmの斜め切り，しょうがは薄切りにする。

④ パイナップルの酸味や甘味により，後で加える酢と砂糖の量を調節し，味を調える。

⑤ 水溶き片栗粉は，水：片栗粉を1：1の割合であらかじめ膨潤させておく。

IV 炒菜 73

波羅肝片(フォルオガンピエン)

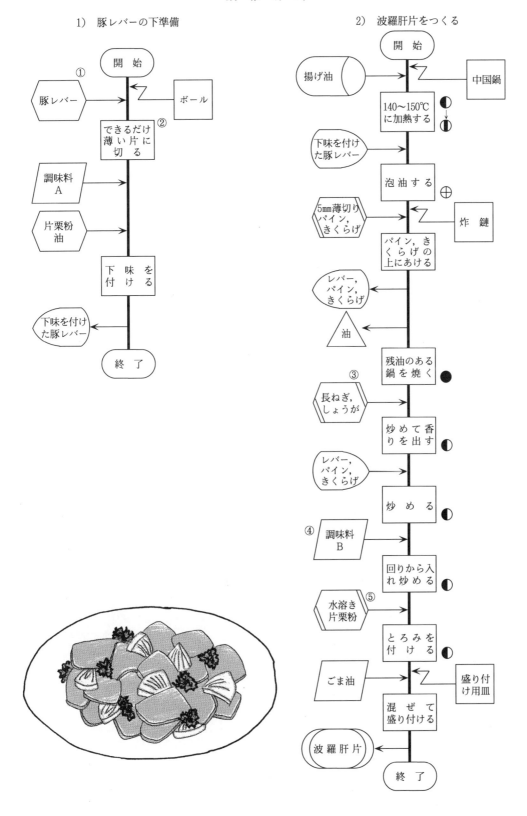

1) 豚レバーの下準備

2) 波羅肝片をつくる

B　生炒素什錦（数種の野菜炒め）

ションチャオスゥシィジン

材料		
	じゃがいも	100 g
	干ししいたけ	2枚
	にんじん	60 g
	白菜（代用：青梗菜）	200 g
	ピーマン	100 g
	セロリ	45 g
	きゅうり	75 g
	たけのこ	50 g
	もやし	100 g
A	酒	15ml（大S1）
	塩	5 g（小S1）
	こしょう	少々
	炒め油	45ml（大S3）

　生炒＜ション チャオ＞は，上漿＜シャン ジャン＞，掛糊＜ゴワ フウ＞をしない材料を，やや時間をかけて炒める調理を表している。材料の水分が少なくなってから，調味料を加え，更に混ぜ炒める。油は少量である。

調理上のポイント

①　じゃがいもはこの料理の主材料であるから，でん粉をよく洗い流して炒めると歯触りがよい。

②　白菜は葉と茎を分け，茎は絲に切る。

③　セロリも繊維に平行に，ほかの材料の大きさにそろえて切る。

④　もやしは芽と根を取っておくと，材料が絡まらず，また，出来上がりもきれいである。

⑤　素菜（精進料理）なので，しょうが，玉ねぎは使わない方がよい。

IV 炒菜 75

生炒素什錦
(ションチャオスッシィジン)

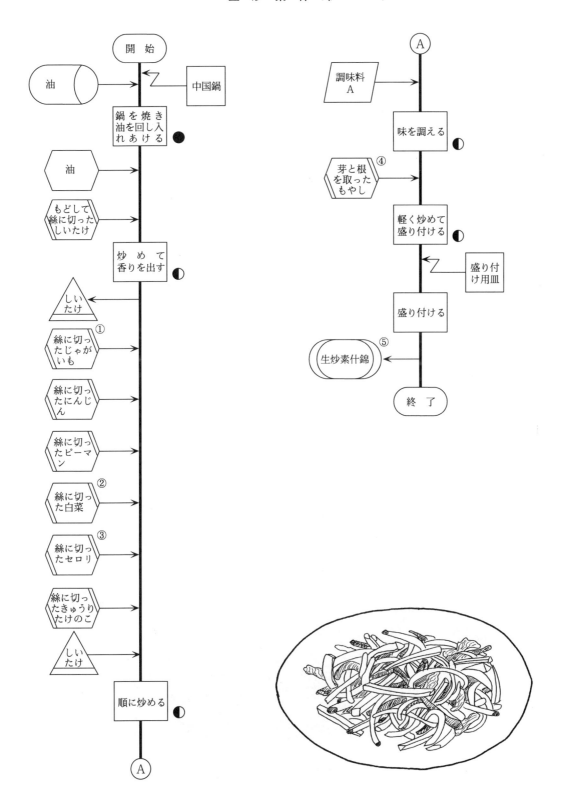

C 青椒牛肉絲（チンジヤオニュウロウス）（ピーマンと牛肉の油炒め）

材料		
	牛肉赤身もも肉（塊）	200 g
A	酒	15ml（大S1）
	塩	2.5 g（小S1/2）
	B P	少々
	卵白（1個分）	25 g
	片栗粉	8 g（大S1）
	油	26ml（大S2）
	揚げ油	400ml（2cup）
	ピーマン	120 g
	たけのこ	50 g
	ねぎ	40 g
	にんにく	5 g
B	しょうゆ	15ml（大S1）
	砂糖	4 g（大S1/2）
	酒	15ml（大S1）
	スープ（清湯）	15ml（大S1）
	水溶き片栗粉	少々

調理上のポイント

① 牛肉は繊維に平行に切る（図参照）。
② 卵白のこしを折り過ぎないように注意する。
③ ピーマンとたけのこは，牛肉と長さがそろうように絲に切る。
④ たけのこの一切れを油の中に入れて温度を見てから肉を入れ，強火にして中をかき混ぜながら火が通るまで揚げる（かき混ぜながら揚げるのは，肉を離れやすくするため）。

備　考

・青椒：ピーマンのこと
・牛肉以外の肉を使う場合は"青椒肉絲"と呼ぶ。

　二種類の材料名と切り方を組み合わせて料理名を付けた例であるが，「炒＜チャオ＞」という調理法が省略されている。炒青椒牛肉絲とも言うが，炒め料理にはこのように材料名だけ並べたものが多い。

牛肉を絲に切る

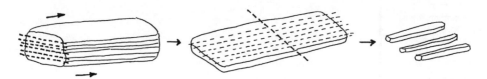

ⅰ）筋繊維に平行に薄切りにする。　　ⅱ）筋繊維に平行に絲に切る。

IV 炒菜 77

青椒牛肉絲

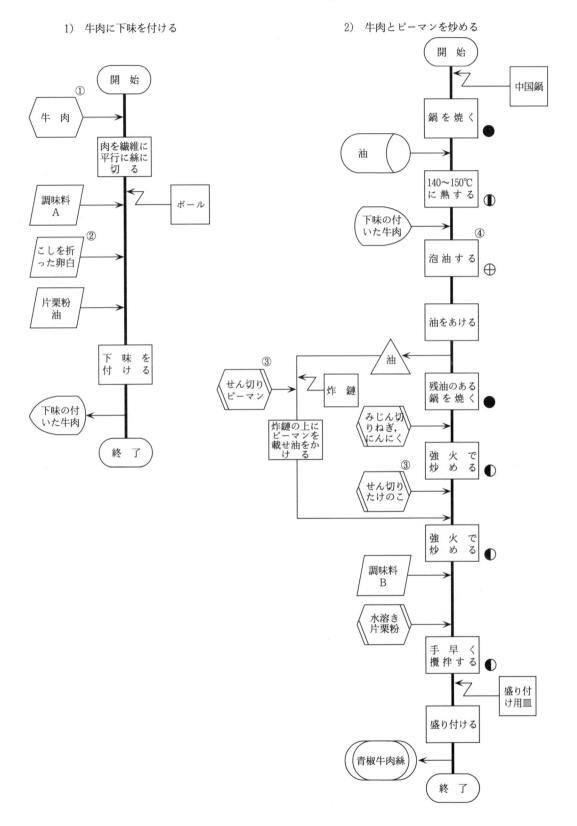

D 宮保鶏丁<ゴン バオ ジィ ディン>（鶏肉とピーナッツの油炒め）

材料					
	鶏もも肉	200 g		赤とうがらし	3本
	酒	15ml（大S1）		粒さんしょう	10粒
	塩	1.3 g（小S1/4）		ねぎ	40 g
	こしょう	少々		しょうが	15 g
	BP	少々		油（炒め用）	75ml（大S5）
	卵（1個）	50 g		酒	15ml（大S1）
	片栗粉	4 g（大S1/2）		しょうゆ	17ml（大S1）
	油	15ml（大S1）	B	塩	1.3 g（小S1/4）
	生ピーナッツ	100 g		砂糖	8 g（大S1）
	揚げ油	400ml（2cup）		酢	15ml（大S1）
				スープ（清湯）	30ml（大S2）
			水溶き片栗粉		15ml（大S1）
			油		15ml（大S1）

　宮保<ゴン バオ>とは官名で，清代に四川総督だった「丁　宮保」が，殊の外これを好んだと言われ，その名が付いた。酸<ソワン>，辣<ラァ>，歯<シェン>，甜<ティエン>の調和した味付けで仕上げるが，宮保と付く料理は同様に味付けしてある。

　この料理は四川省の名菜の1つ。

調理上のポイント

① 鶏肉は肉の部分に，できるだけ細かく包丁目を入れ，1.5cmの丁に切る。
② さんしょうは包丁のひらでたたいてつぶし，ぬるま湯でもどしたとうがらし（種は除いておく）は，1cmの小口切りにする。ゆっくり炒めるのは，油の中に辛味と香りを移すため。
③ ねぎは1cmの小口切りにする。
④ しょうがは皮をむいて1cmの薄切りにする。
⑤ 生のピーナッツの殻と皮をむき，低温の油（120～130℃）で焦がさないように揚げておく。ピーナッツの代わりにナッツ類は何でも合う。また，これらは仕上がる直前に入れる。

1) 腰豆炒鶏丁<ヤオ ドウ チャオ ジィ ディン>（腰豆と鶏肉の油炒め）
2) 核桃鶏丁<ホ タオ ジィ ディン>（くるみと鶏の油炒め）

1) 鶏肉に下味を付ける

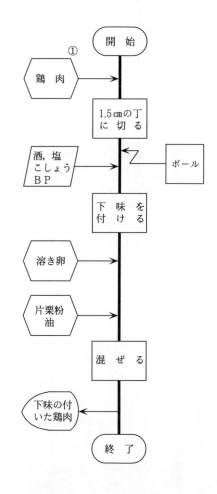

宮保鶏丁
ゴンバオジィティン

2) 鶏肉とピーナッツを炒める

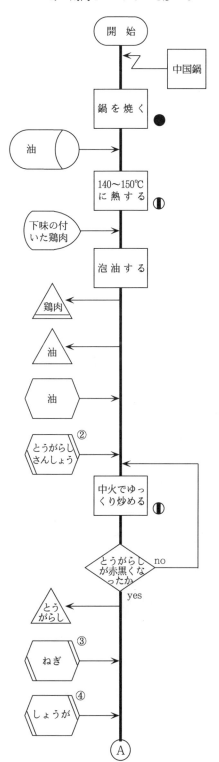
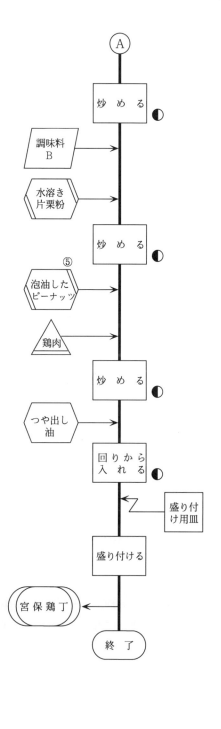

E 芙蓉蟹（かに玉）

（フゥ ロン シエ）

材料		
卵（3.5個）		175 g
かに（1/2缶）		約90 g
ねぎ		40 g
干ししいたけ		1枚
油		45ml（大S3）
塩		1.7 g（小S1/3）
こしょう		少々
（あん）		
	清湯	200ml（1cup）
	塩	1.3 g（小S1/4）
	砂糖	1 g（小S1/3）
	片栗粉	3 g（小S1）
グリンピース（缶）		10 g（約大S1）

かにと卵白の炒め物。卵白を用いてふわっとした形に炒めあげた蟹料理を，芙蓉の花に見立てたもの。

調理上のポイント

① しいたけは水に漬けて戻した後，絲切りにする。ねぎはたてに包丁を入れて小口切りにする。

② かには缶から出して軟骨を除く。

③ 卵の料理は他の炒め物と比べて，火加減はやや低めにすることが大切。

④ 出来上がりは，中が半熟状態でふんわりと，卵が焼けている状態がおいしい。

⑤ あんの材料を火にかけてかき回し，とろりとなったら卵の上にかけて供す。

参 考

・芙蓉＜フゥ ロン＞は料理用語としては，白色を意味するため，卵白を用いた料理に用いられる。

・芙蓉蟹＜フゥ ロン シエ＞は広東名である。かにの代わりにえびや干し貝などでもよく，かにを他の魚介類に代えて，次の料理に応用できる。

1) 芙蓉遙柱＜フゥ ロン ヤオ ヂウ＞：（生の貝柱に代えたもの）

2) 芙蓉干貝＜フゥ ロン ガン ベイ＞：（干し貝柱を軟らかく戻して用いたもの）

3) 芙蓉魚菘＜フゥ ロン ユィ スン＞：（魚を炒めほぐして入れたもの）

F 青豆蝦仁（青豆とえびの炒め煮）

（チン ドウ シヤ レン）

材料		
グリンピース（生）		150 g
	芝えび	500 g
	しょうが汁	5 ml（小S1）
	酒	5 ml（小S1）
	卵白（1/2個分）	15 g
	片栗粉	8 g（大S1）
揚げ油		400ml（2cup）
	塩	6 g（小S1・1/5）
	砂糖	1.5 g（小S1/2）
	酒	15ml（大S1）
油		45ml（大S3）

調理上のポイント

① グリンピースはさやから出し，塩ゆでにしておく。

② えびに酒を振るのは，えび独特の生臭みを消すためである。

参 考

・青豆鶏丁＜チン ドウ ジィ ディン＞（えびの代わりに鶏肉をさいの目に切って用いたもの）。

・桂花蝦仁＜ゴェイ ホワ シヤ レン＞（青豆を用いないで卵を用いたもの）。

・蚕豆墨魚＜ツァン ドウ ソ ュィ＞（そら豆といかの炒め煮）。

・蚕豆蝦仁＜ツァン ドウ シヤ レン＞（芝えびとそら豆の炒め煮）：そら豆は薄皮を取り塩ゆでにして用いる。

IV 炒菜 81

芙蓉蟹 (フゥロンシエ)

1) 卵の具を調整する

青豆蝦仁 (チンドウシャレン)

1) 下準備

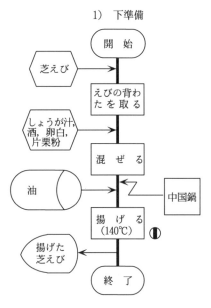

2) 芙蓉蟹をつくる

2) 青豆蝦仁をつくる

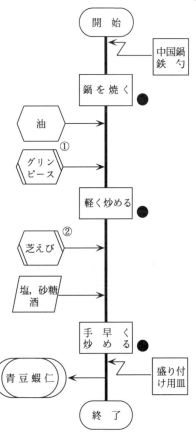

G 乾煸牛肉絲（ガン ビエン ニュウ ロウ ス）（牛肉の細切りの炒め物）

材料	
牛肉（赤身の薄切り）	300〜400 g
しょうゆ	30ml（大S2）
油	90ml（大S6）
酒	30ml（大S2）
豆瓣醤	7 g（小S1）
赤とうがらし粉	少々
にんにく（薄切り）	5 g
ごま油	15ml（大S1）
塩	少々
酒	15ml（大S1）
砂糖	3 g（小S1）
セロリ（1茎）	80 g
にんじん	40 g
油	15ml（大S1）
ねぎ（小口切り）	8 g
しょうが（せん切り）	5 g
さんしょう粉	少々

「乾煸」は汁気がなくカラッと仕上げる調理法で，小さく切った材料を掛糊しない材料をそのままか一度揚げてから炒め，水分がなくカラカラになり焦げ色が付くくらいの仕上がりとなる。牛肉を用いているので，牛肉絎絲というように，材料名と切り方を，名称に用いている。

調理上のポイント

① 牛肉は繊維に直角にせん切りにし，しょうゆで下味を付けて20分おく。炒める時は火が強過ぎると焦げて苦味が出，弱いと軟らかくなって特徴が出ないので，火加減に注意する。

② セロリ（筋を取り）とにんじんは5cmのせん切りにし油で炒めておく。

参 考

- セロリやにんじんの代わりに蒜苔＜ソワン タイ＞（にんにくの茎）としょうがを用いてもよい。
- 干煸冬筍＜ガン ピエン ドン ヌン＞（しいたけとたけのこを材料にして炒めた物）

H 葱爆肝片（ツォン バオ ガン ピエン）（豚レバーとねぎの炒め物）

材料	
豚レバー（牛レバー）	250 g
塩	2.5 g（小S1/2）
こしょう	少々
酒	22.5ml（大S1・½）
片栗粉	12 g（大S1・½）
油	22.5ml（大S1・½）
揚げ油	400ml（2cup）
しょうが	15 g
ねぎ	160 g
きくらげ（もどしたもの）	60 g
しょうゆ	15ml（大S1）
砂糖	4 g（大S1/2）
酢	15ml（大S1）
酒	15ml（大S1）
こしょう	少々
酒醸	15ml（大S1）
スープ	15ml（大S1）
油	10ml（大S2/3）
水溶き片栗粉	少々

葱爆＜ツォン バオ＞はねぎ風味の強火炒めで，ねぎの香りを生かし内臓などのくせのある主材料に，風味を添える料理である。

調理上のポイント

① しょうがは薄切り1cm角，ねぎは2つ割りにし3cm長さに切る。

② レバーは調味料で下味を付け，片栗粉をまぶして，油を混ぜ合わせ，中温で八分程度に泡油して油を切っておく。（レバーの泡油は波羅肝片p.72参照）

③ レバーのような内臓類は炒め過ぎると硬くなるので注意する。

④ 鍋の回りからたらし入れる。

IV 炒菜 83

乾煸牛肉絲 (ガンビエンニュウロウス)

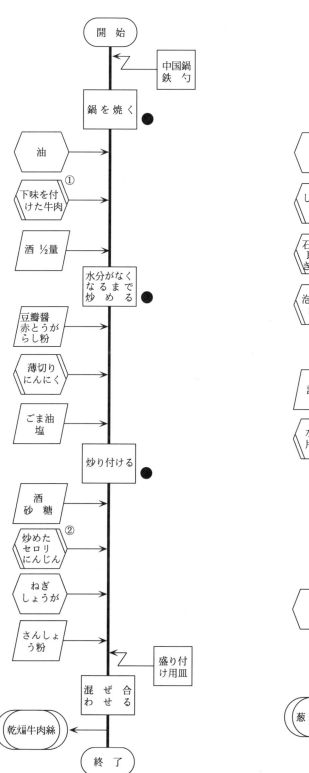

葱爆肝片 (ツォンバオガンビエン)

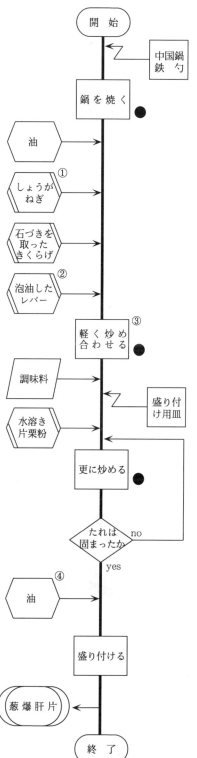

I 賽蟹黄（サイ シエ ホワン）（白身魚の卵黄炒め）

材料		
	白身魚（切り身）	200 g
	ねぎ	10 g
	しょうが（薄切り）	2枚
	酒	少々
	卵黄（6個）	150 g
	ねぎ（みじん切り）	8 g
	しょうが（みじん切り）	10 g
	ラード	95 g（約½cup）
	塩	5 g（小S1）
	こしょう	少々

調理上のポイント
① 手早く混ぜる。

参 考
仕上げにごま油を加えてもよい。

J 魚香茄子（ユィ シャン チエ ズ）（揚げなすの魚香風味）

材料		
	なす	12個
	泡油用油	500ml（2・½cup）
	ねぎ（粗切り）	10cm
	しょうが（粗切り）	少々
	にんにく（薄切り）	5 g
	油	45ml（大S3）
	豆瓣醤	3.5 g（小S1/2）
	しょうゆ	45ml（大S3）
	砂糖	6 g（小S2）
	酢	5 ml（小S1）

魚香＜ユィ シャン＞は四川独特の味付けの1つで，ねぎ，しょうが，にんにくなどの香味野菜を加えた料理を表している。この場合はなすを揚げて味付けをした料理である。

調理上のポイント
① なすは皮をむいて1個を8～10個に細く切り，水に漬けてあくを抜く，水をふき取り180℃ぐらいの油で泡油する。色よく揚げる。
② 豆瓣醤の代わりに赤みそを使ってもよい。

参 考
・四川を代表する野菜料理の1つである。
・なすを輪切りにし，厚さの半分に切り込みを入れ，その間に豚のひき肉，たけのこ，干しえびなどのよく練ったものを挟み，揚げてもよい。
・豆瓣醤と酢を使った四川独特の味付け（魚香と呼ばれる味）である。

IV 炒菜 85

賽蟹黄
（サイ シエ ホワン）

1) 魚を蒸す

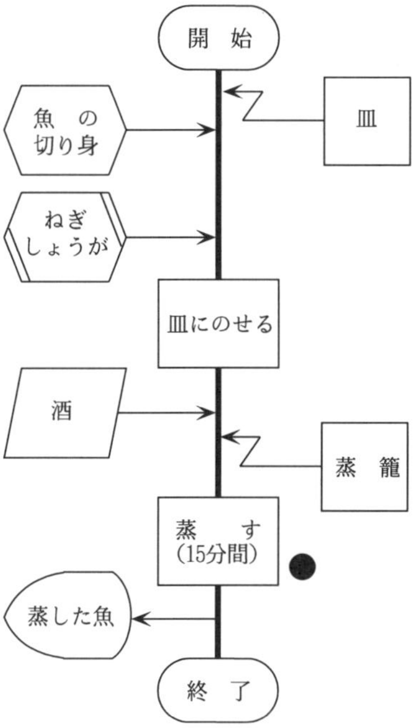

開始

魚の切り身 → ／ 皿

ねぎ しょうが →

皿にのせる

酒 → ／ 蒸籠

蒸す（15分間） ●

蒸した魚 ←

終了

2) 炒めて仕上げる

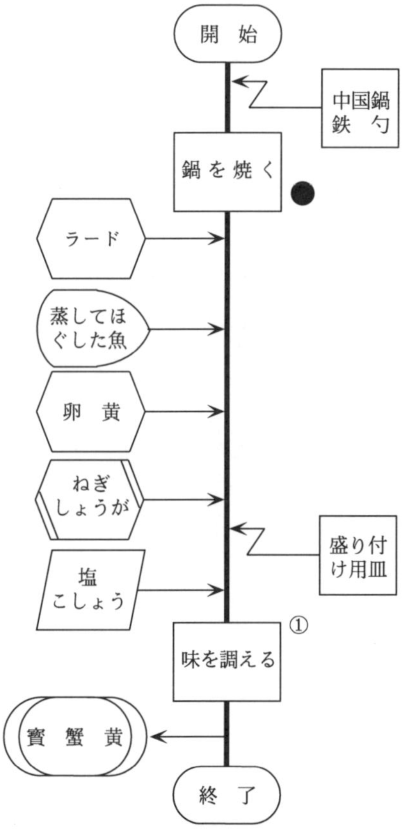

開始

／ 中国鍋 鉄勺

鍋を焼く ●

ラード →

蒸してほぐした魚 →

卵黄 →

ねぎ しょうが →

塩 こしょう → ／ 盛り付け用皿

味を調える ①

賽蟹黄 ←

終了

魚香茄子
（ユィ シャン チエ ズ）

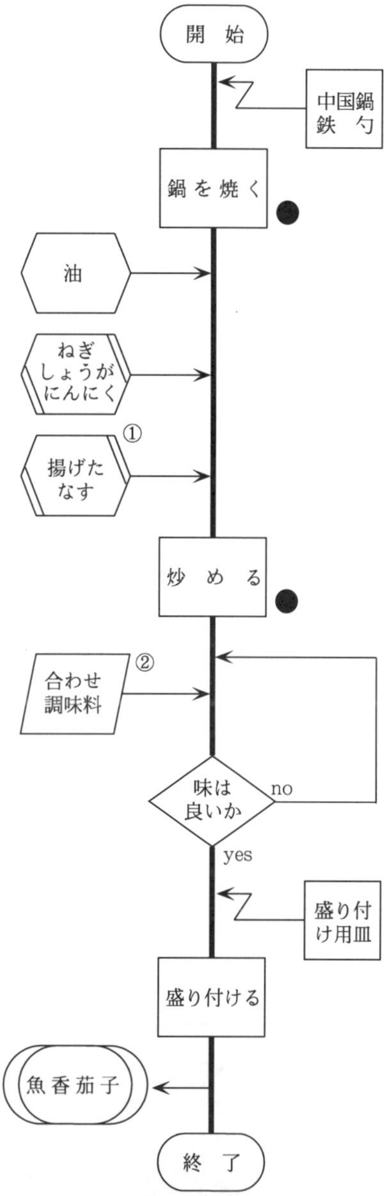

開始

／ 中国鍋 鉄勺

鍋を焼く ●

油 →

ねぎ しょうが にんにく →

揚げた なす ① →

炒める ●

合わせ調味料 ② →

味は良いか — no
yes

／ 盛り付け用皿

盛り付ける

魚香茄子 ←

終了

K 蝦仁豆腐 <シャ レン ドウ フゥ>（えびと豆腐の炒め物）

材料		
	芝えび	300 g
	しょうが汁	5 ml（小S1）
	酒	5 ml（小S1）
	片栗粉	3 g（小S1）
	揚げ油	400ml（2cup）
	豆腐（絹ごし2丁）	800 g
	そら豆	10粒
	水溶き片栗粉	15ml（大S1）
	油	45ml（大S3）

蝦仁＜シャ レン＞はむきえびを表し，えびと豆腐，他の材料を炒め合わせた料理である。

調理上のポイント

① 豆腐は縦半分にしてから1cm長さに切り，熱湯をかけ水気を切っておく。
② 芝えびは殻と背わたを取り下味を付け，片栗粉をまぶして油通し（140℃）しておく。
③ そら豆は薄皮をむいて塩ゆでしておく。

L 木犀肉 <ムッ シィ ロウ>（豚肉と卵の炒め物）

材料		
	卵（3個）	75 g
	塩	少々
	油	45ml（大S3）
	豚肉（薄切り）	120 g
	しょうゆ	5 ml（小S1）
	酒	5 ml（小S1）
	片栗粉	3 g（小S1）
	たけのこ（ゆで）	50 g
	干ししいたけ	2枚
	きくらげ	5 g
	ほうれんそう	100 g
	ねぎ	40 g
	しょうが	15 g
	油	45ml（大S3）

木犀とか桂花＜ゴェイ ホワ＞はもくせいの花のことで，料理用語としては卵を使った時に用いる言葉である。これは卵と豚肉を用いたので「肉」と称している。

調理上のポイント

① 豚肉はせん切りにし，下味を付けて片栗粉をまぶしておく。
② せん切りのしいたけ，たけのこを入れる。
③ 5cmに切ったほうれんそうを入れる。
④ もどしたきくらげを入れる。
⑤ 卵は火を通し過ぎないこと。半熟程度に炒める。

IV 炒菜 87

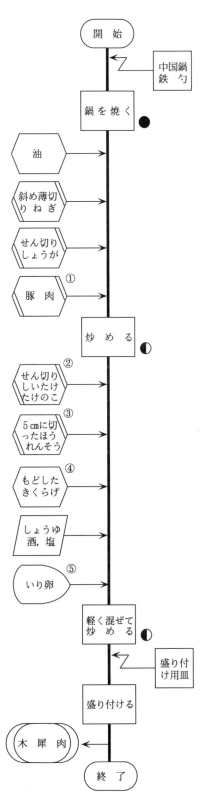

V 炸 菜

1. 炸菜＜ヂァ ツァイ＞の基礎理論

1・1 炸菜とは

炸とは，たっぷりの油中で揚げることである。材料の硬さ，軟らかさ，揚げ衣の有無により加熱温度と時間が異なる。

1・2 炸菜の分類（p.89参照）

炸は，下味を付けて衣を付けない清炸＜チン ヂァ＞と，下味を付けてからでん粉，小麦粉，パン粉などの衣を付ける乾炸＜ガン ヂァ＞に大別される。でん粉に全卵，卵黄，卵白，水などの液体を加えた糊＜フゥ＞を付けて揚げる軟炸＜ロワン ヂァ＞，衣にベーキングパウダーを加えて揚げる酥炸＜スゥ ヂァ＞，卵白を泡立てでん粉を入れた衣を付けて揚げる高麗＜ガオ リィ＞などの調理法がある。衣は，材料の水分の急激な蒸発を防ぎ，材料の内部温度を緩やかに上昇させる過程で，でん粉は糊化し，たんぱく質は熱凝固する。適度に油が吸着して風味を増す。

1・3 炸菜の調理上のポイント

高温短時間加熱の利点を生かした調理法である。特徴は，①材料の持ち味が生かされ，高温加熱特有の香りと油の風味が付加される。②高温（160〜190℃）短時間加熱のため，栄養素の損失が少ない。③一度に多量の調理はできない。④揚げている途中で味付けができない。④表面がカラリと仕上がり，材料の中心部が食べられる状態になっていること。⑤揚げ油の量は，鍋の7〜8分目以下にする。

油は，比熱が小さいので短時間で高温が得られるが，冷たい材料を一度に多く入れると，水分蒸発に伴う気化熱を奪われ，急激に油温が下がり油の吸収が多くなって油っこい仕上がりとなる。

1・4 二度揚げの利用

魚の姿のまま，骨付き肉の塊，肉厚の材料などの中心部分まで熱を通すことは困難である。糖醋鯉魚＜タン ツゥ リィ ユィ＞のように骨まで軟らかく加熱するには，140℃で一度揚げて，炸鏈上に取り出し，しばらく放置することにより，温度の均一化が図られる。仕上げの直前に180〜200℃で二度揚げすると，カリッとして揚げ色もよい。

1・5 揚げ油の処理

油が疲れてくると，着色，泡立ち，異臭，粘度の変化，発煙状態などの変化が起こる。着色の程度は揚げる種物により異なるが，でん粉＋グリシンの組み合わせがアミノ・カルボニル反応を促進したり，リン脂質が揚げ油に溶解して着色に影響すると考えられている。中国料理では，鶏卵を用いた衣，肉や魚にでん粉をまぶし付ける調理法が多いが，油の着色を促進する要因である。揚げかすをこまめに除き，使用後の油は目の細かいペーパーを通して，なるべく空気に触れないよう冷暗所に保存するとともに，なるべく計画的に速く使い切るようにする。

V 炸 菜 89

炸菜の分類

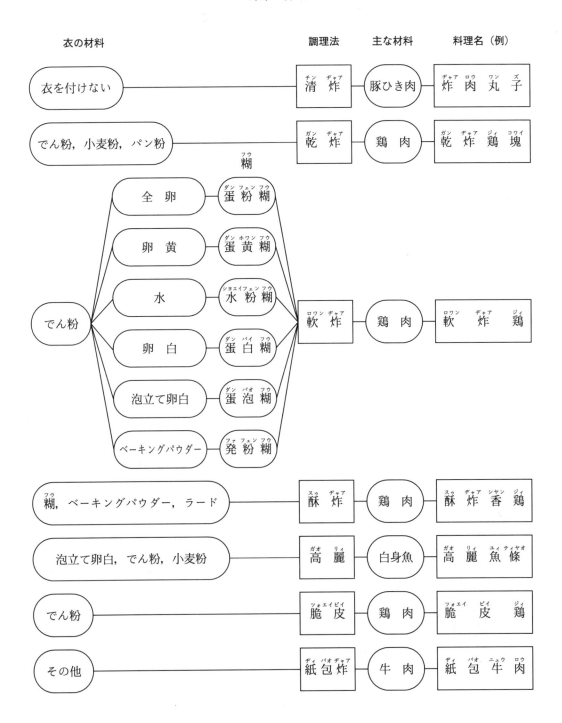

2. 炸菜の実習

A 炸子鶏（若鶏の骨付き空揚げ）

材料		
	若鶏骨付き肉（半身）	400 g
A	塩	5 g（小S1）
	酒	15ml（大S1）
	こしょう	少々
	片栗粉	16 g（大S2）
	卵（1個）	50 g
	揚げ油	800ml（4cup）
（仕上げ用）		
	ねぎ	40 g
	ごま油	15ml（大S1）
	サラダ菜（1/2株）	40 g
	ケチャップ	適量
	花椒塩	適量

「炸鶏」または「炸帯骨鶏」または「炸子鶏」で，同じ料理である。帯骨＜タイ グゥ＞は鶏の骨付きのこと。「炸」＜チャア＞は揚げる調理操作を示している。

「鶏」＜ジィ＞は鶏であるが，現在の中国料理でも，豚と共に利用頻度の最も高い良質な動物性食品とされている。

調理上のポイント

① 下味の時，色付けとしてしょうゆを使う場合もあるが，焦げやすくなるので避けた方がよい。

② 衣に卵を使うと，外側はパリッと内側は軟らかく仕上がる。

③ 炸籬に上げ，その中で鉄匂で軽くたたくと肉離れしやすくなる。また，揚げ油の熱も中へ入りやすくなる。

④ 空揚げのままでもよいが，香り付けにごま油とねぎを用いた。ねぎはごく細かいみじん切りがよい。

1) 鶏肉に下味を付ける

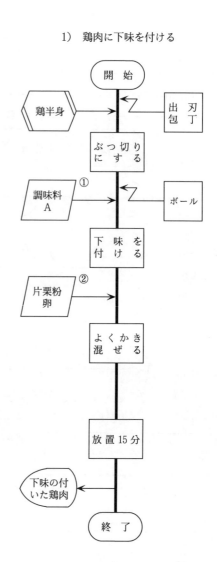

炸子鶏（ヂァズジィ）

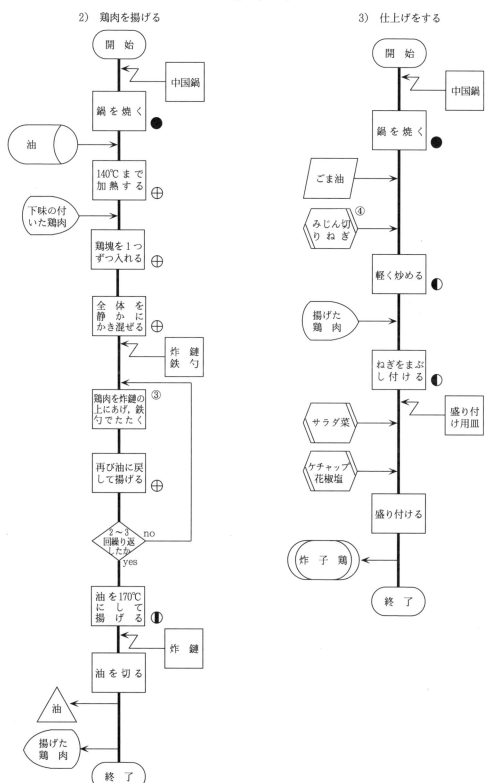

B 蟹粉蛋捲〈シェ フェン ダン ジュアン〉(かにの巻き揚げ)

材料	かに(缶)	20 g	
	干ししいたけ	小2枚	
	たけのこ	35 g	
	ピーマン	50 g	
	キャベツ	70 g	
A	酒	15 ml	(大S1)
	塩	1 g	(小S1/5)
	しょうゆ	5 ml	(大S1/3)
	砂糖	3 g	(小S1)
	こしょう	少々	
	炒め油	少々	
	卵(2個)	100 g	
	塩	1.7 g	(小S1/3)
	水溶き片栗粉	45 ml	(大S3)
	揚げ油	1 ℓ	(5cup)

　焼〈シャオ〉はここでは揚げる意味に用いられる。また，かには美味な食品として重視され，食べ方も工夫され，その食べ方が料理名に用いられている。蟹粉〈シェ フェン〉は蒸した蟹肉と蟹黄を一緒に炒め合わせた食べ方を表している。ほかに，焼蟹粉捲〈シャオ シェ フェン ジュアン〉，炸蟹粉捲〈ヂァア シェ フェン ジュアン〉，捲筒肉蟹〈ジュアン トン ロウ シェ〉は同じ料理である。

調理上のポイント

① 油が多すぎると卵液が滑って広がらない。
② 卵を溶いた器の中で，接着用の糊を作るので洗わないこと。
③ 中国鍋をゆっくりと回しながら丸く仕上げる。中心が焦げやすいので，注意しながら鍋を傾けて端を焼いておく。
④ 水溶き片栗粉は濃く作り，揚げている時に口が開かないように，多めにたらして接着させる(図参照)。
⑤ 120～140℃くらいの低温から入れ，徐々に温度を高める。
⑥ 切り方は自由に切り，きれいに盛り付ける。

1) 薄焼き卵を焼く

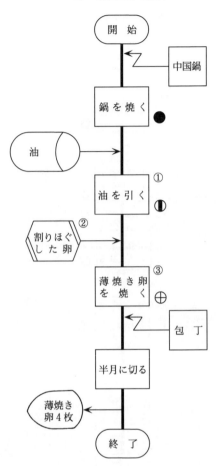

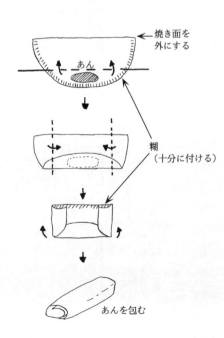

V 炸 菜 93

蟹粉蛋捲 (シェ フェン ダン ジュアン)

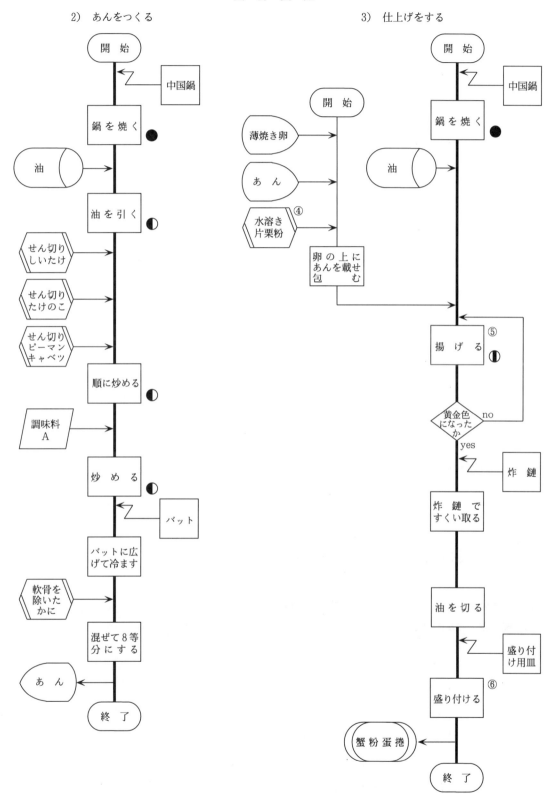

2) あんをつくる 3) 仕上げをする

C 高麗魚條（ガオ リィ ユィ ティヤオ）(白身魚の卵白衣揚げ)

材料			
	白身魚	300 g	
A	塩	45 g	(大S3)
	酒	2.5ml	(小S1/2)
	こしょう	少々	
	片栗粉	8 g	(大S1)
	くるみ	少々	
	卵白（1個）	25 g	
	薄力粉	40 g	(大S5)
	片栗粉	16 g	(大S2)
	揚げ油	1 ℓ	(5cup)
	ごま油	少々	
	花椒塩	少々	
	トマトケチャップ	適量	

調理上のポイント

① 衣は卵白を硬く泡立て，小麦粉と片栗粉を加えて軽く混ぜる。

② 低温の油に拍子切りのように，棒状に切った魚を入れ，全部入れた後，温度を少し上げる。

参 考

① 高麗の衣には，ⅰ）米の粉と水でどろっとしたもの，ⅱ）片栗粉のみ，ⅲ）小麦粉と片栗粉を混ぜたものなどがあり，ふっくらと揚げるためにベーキングパウダーを使うこともある。

② 魚に下味を付けるため，A）の調味料にみじん切りのねぎとしょうがを少々加え，ごま油を入れる場合もある。

③ 衣に彩りを加えるために，パセリを混ぜてもよい。

• 白身魚のほかに揚げる素材を代えると次の料理に応用される。

1) 高麗蝦仁＜ガオ リィ シャ レン＞（えびの卵白衣揚げ）

2) 高麗香蕉＜ガオ リィ シャン ジャオ＞（バナナの卵白衣揚げ）

3) 高麗鶏片＜ガオ リィ ジィ ピェン＞（鶏の薄切り卵白衣揚げ）

4) 高麗蘋果＜ガオ リィ ピン グオ＞（りんごの卵白衣揚げ）

5) 高麗苺子＜ガオ リィ メイ ズ＞（苺の卵白衣揚げ）

高麗魚條 (ガオ リィ ユィ ティヤオ)

1) 白身魚に衣を付ける

2) 白身魚を揚げる

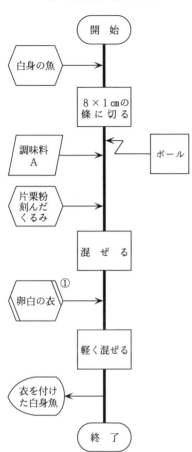
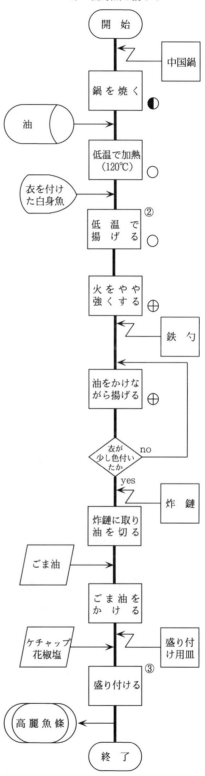

D 三夾茄抉 （なすの挟み揚げ）
（サン ジャ チエ ユワイ）

材料	なす（大4個）	360 g	
	┌塩	1.7 g	（小S1/3）
	└こしょう	少々	
	ハム	60 g	
	くわい（缶）	小6個	
	白身魚	70 g	
	鶏ささ身	50 g	
	┌卵白（1/2個）	25 g	
	│酒	5 ml	（小S1）
	┤塩	1.3 g	（小S1/4）
	│こしょう	少々	
	└片栗粉	少々	
	衣		
	┌卵白（2個）	50 g	
	│小麦粉	16 g	（大S2）
	│糊		
	│ ┌小麦粉		
	┤ │片栗粉 3:1:5の割合	30ml	
	│ └水		
	花椒塩		
	ケチャップ		

調理上のポイント

① 白身魚は，なすより小さな薄切りで12枚にする。

② くわいは24枚の薄切り，ハムは12枚の薄切り。

③ ささ身は12枚の薄切りにし，調味料で下味を付ける。

④ なすは皮を取り3mmの厚さの24枚の輪切りにし，塩，こしょうで下味を付ける。

⑤ 衣は卵白を硬く泡立て，小麦粉と糊を加えてよく混ぜる。

参 考

・なすの代わりに生のさつまいもを薄切りにし，中に挟むものを甘いあんにして，同様に揚げたものを紅蘿餅＜ホン ルオ ビン＞と言う。

・くわいの代わりに生のれんこんでもよい。

E 紙包牛肉 （牛肉の紙包揚げ）
（ディ バオ ニュウ ロウ）

材料	牛肉	150 g	
	┌塩	1.7 g	（小S1/3）
	│酒	15ml	（大S1）
	│しょうゆ	15ml	（大S1）
	┤片栗粉	3 g	（小S1）
	│ラード	13 g	（大S1）
	└ごま油	5 ml	（小S1）
	三つ葉	少々	
	グリンピース	12 g	
	しょうが	20 g	
	揚げ油	600ml	（3cup）
	ワックスペーパー	16枚	（15cm角）

紙包（炸）＜ディ バオ ヂャア＞は材料を紙で包んで揚げる紙包み揚げを言う。紙は食用の糯米紙（ヌオ ミィ ディ，威化紙；ウエイ ホワ ディとも言う）を使って，包んだまま食する場合と，セロファン紙やパラフィン紙で包んで揚げ，紙包を広げて中の具のみを食する場合がある。この料理は牛肉を用いたが，紙包鶏＜ディ バオ ジィ＞，紙包蝦＜ディ バオ シャ＞などが代表料理である。

調理上のポイント

① 牛肉はせん切りにし，塩，酒，しょうゆで下味を付け10分間放置後，片栗粉，ラード，ごま油を入れ混ぜ合わせておく。

V 炸菜 97

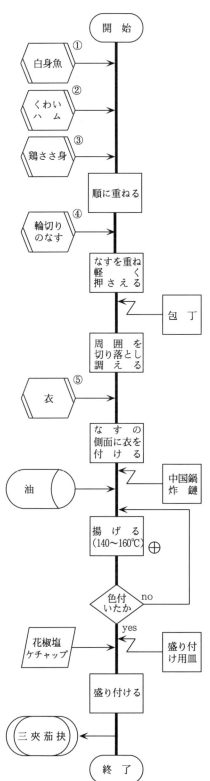

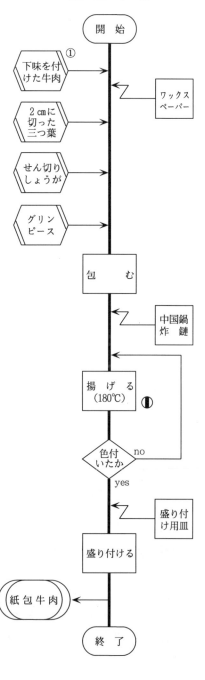

F 炸芝麻蝦（えびのパン揚げ）

材料	芝えび	500 g
	しょうが汁	少々
	塩	5 g（小S1）
	酒	2.5ml（小S1/2）
	卵白	25 g
	片栗粉	8 g（大S1）
	食パン（7mm厚さ3枚）	90 g
	白ごま	少々
	揚げ油	600ml（3cup）

蝦仁吐司＜シャ レン トウ スウ＞とも言う。

調理上のポイント

① 芝えびは，殻と背わたを取って塩水で洗い，水気を切って細かく刻みすりつぶす。

② ナイフに水または酒をつけて，パンの縁いっぱいに塗り付けると出来上がりがきれいになる。

③ はじめはえびを下にして入れ，周囲がきつね色に色付いた時に裏返し，パンの全面に色が付いたら取り出す。パンは焦げやすいので，油の温度に注意する。

参 考

1) 盒子蝦仁＜ホウ ズ シャ レン＞（えびを2枚のパンの間にサンドイッチのように挟んで揚げたもの）

2) 象眼多斯＜シャン イエン ドウ ス＞（炸芝麻蝦にゆで卵を1/2に切ってはめこんだもの。象眼は，象の眼のように中から細く卵をのぞかせたもの）

3) 吐司墨魚＜トウ スウ モ ユィ＞（えびをいかに代えたもの。墨魚＜モ ユィ＞，烏魚＜ウ ユィ＞はいかのこと。いかの足などの利用法としては，大変おいしいものである）

4) 吐司地梨＜トウ スウ デイ リイ＞（えびを黒くわいに代えたもの）

5) 金銭吐司＜ジン チエン トウ スウ＞（金銭は直径4cmくらいの丸型にパンを切って材料を塗ったもの）

G 生炸帯子（ほたて貝の衣揚げ）

材料	ほたて貝	8個
	片栗粉	6 g（小S2）
	しょうが汁	2.5ml（小S1/2）
	しょうゆ	5 ml（小S1）
	ごま油	少々
衣		
	卵（1個）	50 g
	片栗粉	13～18 g
	揚げ油	600ml（3cup）

調理上のポイント

① ほたて貝はヒモを取って2つに切り，下味を付けて10分放置し，水気を切り片栗粉をまぶして衣を付ける。

・水分の多い素材は，表面に粉をまぶしてから揚げないと，油が飛ぶ恐れがあるので特に注意する。

V 炸 菜 99

炸芝麻蝦 (ヂャアヂイマァシャ)

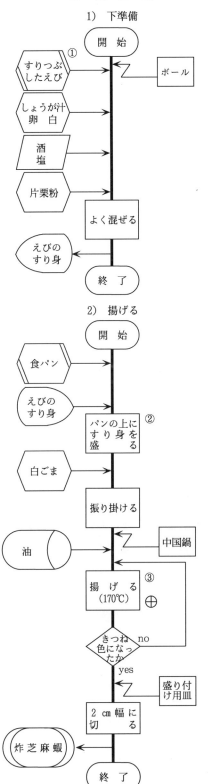

生炸帯子 (ションヂャアダイズ)

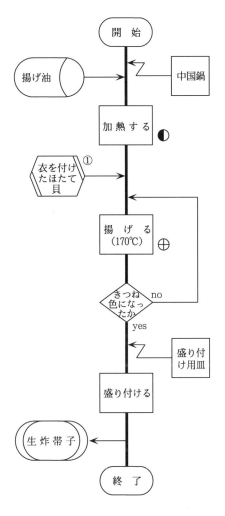

H 金銭肉（豚肉の金銭揚げ）

材料	豚ひれ肉（塊）	300 g
	┌しょうゆ	30ml（大S2）
	│酒	30ml（大S2）
	┤ねぎ	10 g
	│しょうが（薄切り）	3枚
	└五香粉	少々
	豚背脂	150 g
	揚げ油	400ml（2cup）
	┌しょうゆ	15ml（大S1）
	┤ごま油	7.5ml（大S1/2）
	└砂糖	2 g（小S2/3）

　金銭は，黄色の円形を示している。黄金色に焼いたり揚げたりした，平たい丸い形の料理で，金貨に例えた表現で，富季を喜ぶ伝統的な中国式の表現である。肉（ロウ，豚肉）を材料とした料理である。

調理上のポイント

① 豚ひれ肉は一口大の薄切りにし，下味を付け30分間おく。

参　考

・金銭蝦餅＜ジン チエン シャ ビン＞（蝦のすり身を丸いパンに塗って，黄金色に揚げた料理）

I 白油烘蛋（卵焼きの揚げ物）

材料	卵（8個）	400 g
	┌塩	5 g（小S1）
	┤片栗粉	16～24 g（大S2～3）
	└ラード	50 g（大S3・4/5）
	揚げ油	600ml（3cup）

　烘＜ホン＞は火であぶるの意味であるが，四川の調理法ではゆっくり油の中で揚げることによって，外側は香ばしくさっくりと，中はふっくらとさせる。主として卵料理に用いられている。

調理上のポイント

① 卵が膨らみだした時に，大きく混ぜる。膨らまないうちに混ぜると，ふっくら焼けない。卵焼きは外側がこんがり，中がとろりとした感じに仕上げるとおいしい。また，卵は炒めてもよいが，炒め過ぎるとパサパサになるので注意する。

② よく油を切り，熱いうちに供する。

参　考

・一度卵焼きを作り，適宜に切ってから油に入れ，初めは中火，後に弱火にしてゆっくり揚げると黄金色になる。

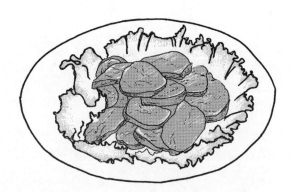

V 炸 菜 101

金銭肉 (ジンチエンロウ)

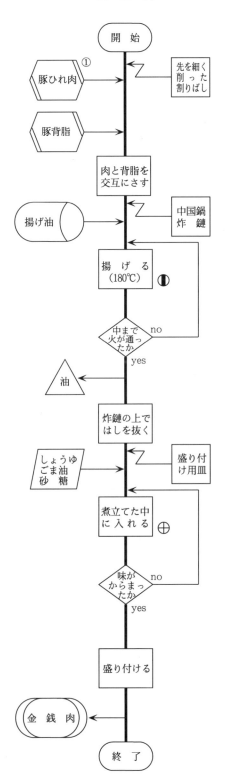

白油烘蛋 (バイイウホンダン)

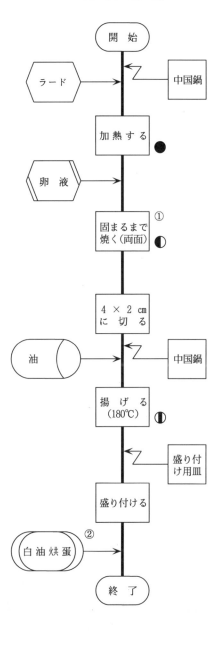

J　百花鮮帯子（ほたて貝の挟み揚げ）
<small>バイ ホワ シエン ダイ ズ</small>

材料		
芝えび	250 g	
豚背脂肉	50 g	
塩	2.5 g（小S1/2）	
酒	5 ml（小S1）	
砂糖	少々	
こしょう	少々	
ごま油	少々	
卵白（1個）	25 g	
片栗粉	3 g（小S1）	
平貝（2個）	200 g	
片栗粉	8 g（大S1）	
パン粉	45 g（1cup）	
揚げ油	600ml（3cup）	
だいこん	100 g	
青じそ	適量	

　百花＜バイ ホワ＞はえびのすり身のことを指し，帯子＜ダイ ズ＞は貝柱（日月貝の類）を乾物に加工したものを示している。この貝柱にえびのすり身を塗りパン粉をまぶして揚げた料理である。

調理上のポイント

① 芝えびは塩で軽くもんで水洗いし，背わたを取って水気をよく拭き取る。

② 平貝は白く硬い部分に切り込みを入れる。薄皮と硬い筋は完全に取り除き，5 mmくらいの厚さの片に切り（貝1個を5等分にするとよい），片栗粉をまぶしておく。

③ 卵白で指先をぬらしながら，すり身をできるだけ薄く平均に伸ばす。

④ パン粉が乾燥していると焦げやすいので，水気を与える。

⑤ 盛り付けは，皿に青じそを並べ，中央に花に切っただいこんをおいて，百花鮮帯子を並べる。

参　考

・パン粉を用いてフライにする料理は，素材を変えることにより数多くできる。

1) 洋焼蛤方＜ヤン シャオ ゴォ ファン＞（蛤のパン粉揚げ）

2) 輭炸蝦仁＜ハアン ヂァア シャ レン＞（えびの衣揚げ）

3) 軟炸墨魚＜ロワン ヂァア モ ュィ＞（いかの衣揚げ）

百花鮮帯子
(バイ ホワ シエン ダイ ズ)

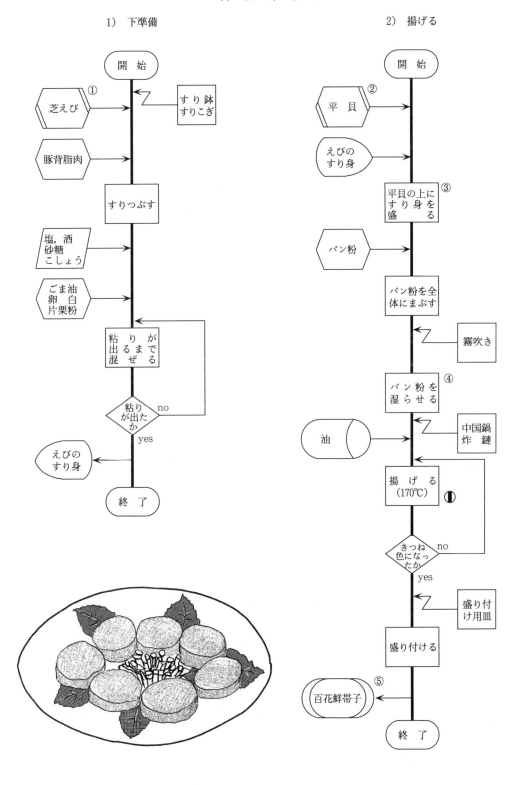

VI 溜菜・燴菜

1. 溜菜<リュウ ツァイ>・燴菜<ホェイ ツァイ>の基礎理論

1・1 溜菜・燴菜とは

溜とは，材料を一度油で揚げたものに，でん粉によるとろみを付けたあんをかける料理である。酸味のかかったものを醋溜<ツゥ リュウ>，甘酸っぱいものを糖醋<タン ツゥ>と形容する。

燴とは，ゆでたり，蒸したり，炒めたりした材料をスープで煮てとろみを付けたものである。いずれも滑らかな口当たりがあり，つやがよく，見た目にも美しい。仕上がった料理にあんをかけるので，料理が冷めにくく，煮汁，蒸汁も利用できるので，栄養的な損失も少ない。

1・2 溜菜・燴菜の分類（p.105参照）

1・3 調理上のポイント

とろみを付けるでん粉として最もよく用いられるのは，バレイショでん粉であるが，コーンスターチ，タピオカでん粉，レンコンでん粉なども用いられる。でん粉が十分に糊化されるよう，あらかじめ吸水させておく。水溶きでん粉は，でん粉：水＝1：1が基本であり，指先でつまめる程度の濃度である。

あんとしての濃度は，からめるような濃いものがでん粉15ｇに水1カップ程度。揚げた魚にかけるような中濃度のものは，でん粉10ｇに水1カップ程度。薄いくず汁程度のものは，でん粉5ｇに水1カップ程度を目安とする。

あんを作る火加減は，中火よりやや弱火で水溶きでん粉を糸状に落とし，満遍なく鍋全体にいきわたるように撹拌し，過不足ない加熱が必要である。とろみを付けた後に余分に加熱すると，鍋肌が焦げて仕上がりに影響する。

1・4 あんの種類

醋溜，糖醋：酢，砂糖，しょうゆをベースにしたこってりとした味付け。酸味が強ければ醋溜，甘味が強ければ糖醋という。調理名の一部にこの味付けが現れてくる。

醤汁：しょうゆ味をきかせたあん。酢は入れないので砂糖も控えめにする。

蕃汁：トマトケチャップの味をきかせたあん。少量のウースターソースを加えて，煮込みなどに用いられる。

玻璃<ポォ リィ>，水晶<ショェイ ジン>：ガラスや水晶のように透明感のあるあん。塩，酒などで調味する。

奶油<ナイ イウ>，奶溜<ナイ リュウ>：牛乳，エバミルクを用いた半透明のあん。

VI 溜菜・燴菜 105

溜菜・燴菜の分類

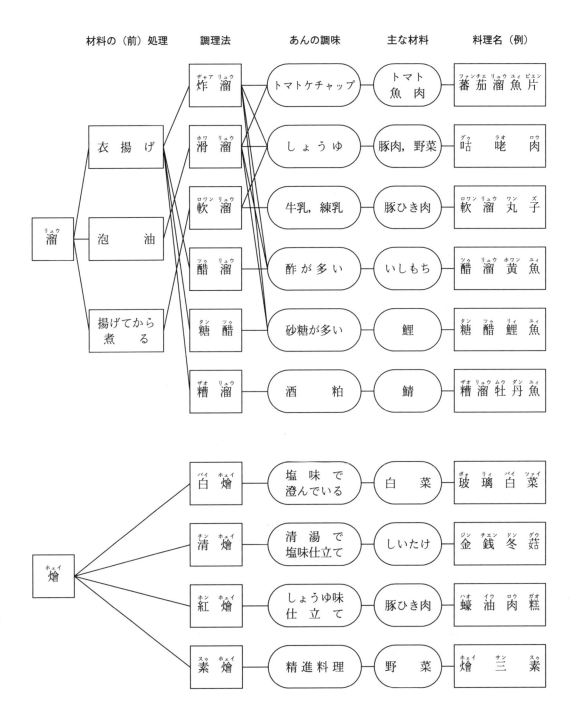

2. 溜菜・燴菜の実習

A 咕咾肉（酢豚）
<ruby>咕<rt>グゥ</rt>咾<rt>ラオ</rt>肉<rt>ロウ</rt></ruby>

材料		
豚もも肉		200 g
A	酒	7.5ml（小S1・1/2）
	しょうゆ	7.5ml（小S1・1/2）
	しょうが汁	3 ml（小S2/3）
片栗粉		8～16 g（大S1～2）
揚げ油		600ml（3cup）
たけのこ（缶）		80 g
しいたけ		1.5枚
たまねぎ		180 g
にんじん		50 g
さやえんどう		4枚
（甘酢あん）		
B	ケチャップ	30ml（大S2）
	砂糖	30 g（大3・3/4）
	しょうゆ	30ml（大S2）
	スープ	30ml（大S2）
	酢	30ml（大S2）
	水溶き片栗粉	30ml（大S2）
炒め油		少々

1) 豚肉の下ごしらえ

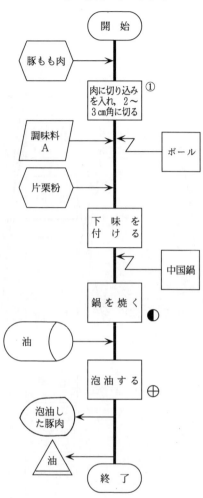

中国以外でもよく知られている中国料理の1つで，咕咾肉＜グゥ ラオ ロウ＞，咕嚕肉＜グゥ ルウ ロウ＞，糖醋肉＜タン ツゥ ロウ＞など酢豚を表す料理名は多く，広東風のものはトマトケチャップなどを加えて，赤くした甘酢あんである。

調理上のポイント
① 肉に包丁目を入れると，下味がよく付いておいしくなり，火も通りやすくなる。
② 甘酢あんに火を通すことは大切だが，材料を煮過ぎないように注意する。

参 考
- 焦溜＜ジャオ リュウ＞という手法で，溜菜の中での最も広く使われる手法による料理である。これはまず材料に下味，衣付けをしてから油で揚げ，色付きとカリッとした歯触りを出してから，くずあんをからめる。このくず引きの汁の味によって多種類の料理名が付けられている。
- 酢豚と呼ばれる料理でも，豚肉のほかに加える副材料，甘酢あんの配合によって何種類にもなるから，酢豚の中の1つと解釈した方がよい。咕嚕＜グゥルゥ＞というのは擬音語で，雷の音（ゴロゴロ）やおなかがグウグウ鳴る音の表現を料理名としたという説と，酸果＜ソワン グオ＞と呼ぶピクルス風の浅漬けの野菜を具にする作り方もあるが，この漬け汁を咕滷＜グゥルゥ＞と言い，咕滷肉＜グゥルゥ ロウ＞というのだとする説もある。醋溜丸子＜ツゥ リュウ ワン ズ＞は肉を団子に取り替えた料理である。

咕咾肉

2) たけのことたまねぎを泡油する

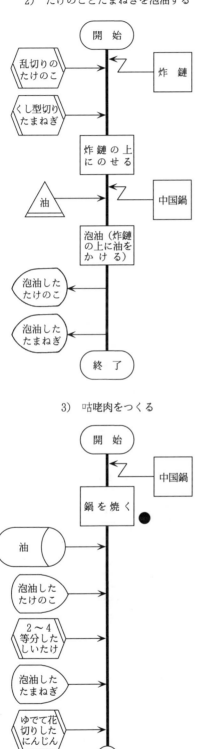

3) 咕咾肉をつくる

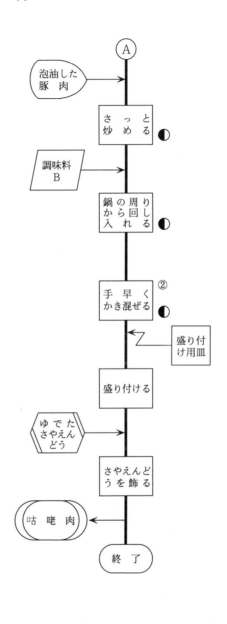

B 糖醋鯉魚 (タン ツゥ リィ ユィ)（こいの丸揚げ甘酢あんかけ）

材料		
	こい（1尾）	（約800g）
A	しょうゆ	30ml（大S2）
	酒	15ml（大S1）
	片栗粉	適量
	揚げ油	適量
	たけのこ	80g
	しいたけ	2枚
	ねぎ	25g
	にんじん	25g
	しょうが	20g
	にんにく	5g
（合わせ調味料）		
B	しょうゆ	15ml（大S1）
	塩	5g（小S1）
	ケチャップ	30ml（大S2）
	砂糖	48g（大S6）
	スープ	200ml（1cup）
	グリンピース（缶）	10g
	酢	45～60ml（大S3～4）
	水溶き片栗粉	20ml（大S1・1/3）
	油	45～60ml（大S3～4）
	さらしねぎ	25g

糖醋とは甘酢あんを意味している。中国料理の中の魚料理では最もよく知られている料理である。

調理上のポイント

① うろこが硬く多いので丁寧にとる。えらを取るとき頭が外れないように注意する。

② こいの胆嚢は苦味が強いので，この部分をつぶさないように最初に処理すること。

③ 口，腹，切り込みの中にも片栗粉を入れ，余分なものは払い落とす。

④ 頭から入れる。こいが動き出すことがあるので注意する。油から出ているこいの部位には，鉄勺で油をかけながら満遍なく揚げるように心掛ける。

参 考

1) 醋溜板魚＜ツゥ リュウ バン ユィ＞（ひらめまたはかれいの甘酢あんかけ）
2) 醋溜鰡魚＜ツゥ リュウ ツゥ ユィ＞（ぼらの甘酢あんかけ）
3) 醋溜鯛魚＜ツゥ リュウ ディアオ ユィ＞（たいの甘酢あんかけ）。たいはよく用いるが，骨が硬くて適当ではない。

1) こいの下処理

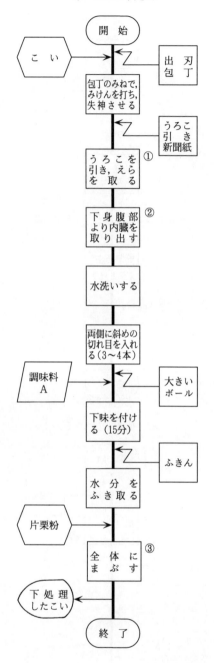

糖醋鯉魚
（タン ツゥ リィ ユィ）

VI 溜菜・燴菜 109

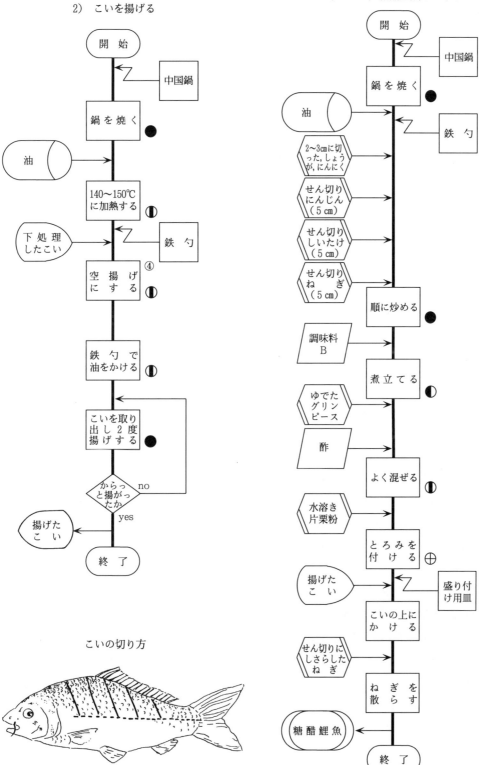

2) こいを揚げる

3) あん，糖醋鯉魚をつくる

こいの切り方

C　奶油白菜 <ナイ イウ バイ ツァイ>（白菜のミルク煮込み）

材料	白菜（約10枚）	約700g
	スープ	800ml（4cup）
	┌酒	15ml（大S1）
	│塩	2.5g（小S1/2）
	└ラード	13g（大S1）
	エバミルク	15ml（大S1）
	水溶き片栗粉	30ml（大S2）
	鶏油	15ml（大S1）

　扒<パァ>はとろみ煮を表す調理法であるが，そのうちの奶油扒<ナイ イウ パァ>という白濁した濃厚なスープを用いるか，ミルクを加えて，白くとろりと滑らかに仕上げた調理の1つである。奶は乳，奶油<ナイ イウ>，奶溜<ナイ リュウ>は牛乳溜。白菜<バイ ツァイ>，心菜<シン ツァイ>は白菜を表している。

調理上のポイント

① 白菜は内側に近い軟らかい部分を選ぶ。10cm前後の長さに切る。白い部分はたてに4〜5cmに切り，葉先はそのまま使う。

② 火加減は弱火にする。白菜の味が失われない程度に煮過ぎないように注意する。

③ 鶏油<ジィ イウ>：鶏の脂部分をボールに入れ，少量のぶつ切りねぎとしょうがを入れ，蒸気の上がった蒸籠で20分くらい蒸す。黄色の脂が取れる。料理につやと香りを添える。

参　考

・牛乳のあん自体は非常に濃いおいしいものであるから，他の材料を用いる時には，味の濃厚でないものを選ぶようにする。

1) 奶油菜花<ナイ イウ ツァイ ホワ>：（キャベツの白ソースかけ）。

2) 奶油包米<ナイ イウ バオ ミィ>：（とうもろこしと牛乳のあんかけ）

D　蠔油鮑脯 <ハオ イウ バオ フゥ>（あわびの白ソース煮）

材料	あわび（缶）	450g
	（煮汁）	
	┌スープ	300ml（1・1/2cup）
	│油	30ml（大S2）
	│薄口しょうゆ	15ml（大S1）
	│塩	2.5g（小S1/2）
	│砂糖	1.5g（小S1/2）
	└ラード	40g（大S3）
	水溶き片栗粉	少々
	鶏油	
	（付け合わせ）	
	┌ブロッコリー	300g
	└油	30ml（大S2）

　蠔油<ハオ イウ>（かきソース）で調味した扒<パァ>の料理の1つ。

調理上のポイント

① スープの代わりに牛乳を用いてもよい。

② 付け合わせのブロッコリーは小房に分け，油を熱し塩をひとつまみ入れて炒め，砂糖と水を少し加えて煮てあくを抜き，汁気を切って盛り合わせる。

VI 溜菜・燴菜 111

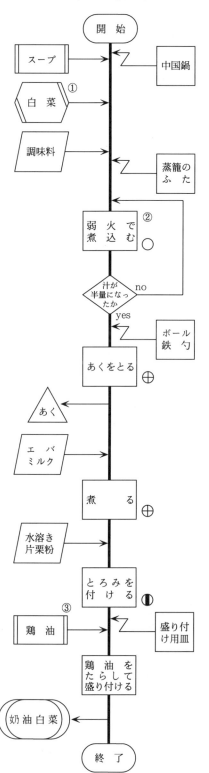

奶油白菜 (ナイ イウ バイ ツァイ)

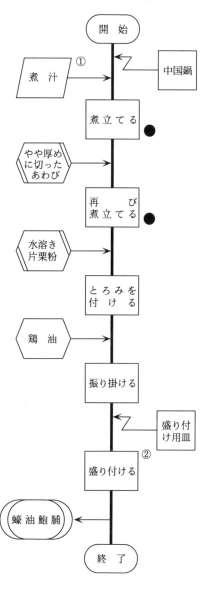

蠔油鮑脯 (ハオ イウ バオ フゥ)

E 軟溜丸子（肉団子の甘酢あんかけ）

材料		
	豚ひき肉	300 g
	しょうが汁	5 ml（小S1）
	ねぎ（みじん切り）	10 g
	塩	2.5 g（小S1/2）
	卵	50 g（1個）
	片栗粉	8 g（大S1）
	揚げ油	600ml（3cup）
A	スープ	150ml（3/4cup）
	しょうゆ	30ml（大S2）
	砂糖	16 g（大S2）
	酢	15ml（大S1）
	片栗粉	8 g（大S1）
	さらしねぎ	25 g

溜菜の中でも，よく知られている料理の1つである。軟＜ロワン＞はねっとりとした軟らかい舌触りを表し，肉団子とあんの両方を示している。糖醋丸子＜タンツゥワンズ＞とも言う。

調理上のポイント

① ひき肉にしょうが汁，ねぎのみじん切りを加えて，ひき肉の粘りが出るまで混ぜ合わせた後，塩を加える。

② 更に卵を少量ずつ加えてよく混ぜ，片栗粉で硬さを調節する。

③ 直径2.5cmぐらいの団子に作る。

④ 初めは低い温度で，中まで火を通し，油の温度を上げて表面をカラッと揚げる。

⑤ 鍋に甘酢あんの材料Aを入れ，火にかけて沸騰直前に水溶き片栗粉で濃度をつけ，火からおろしておく。

⑥ 皿に小高く盛り，あんをかけた後，せん切りにしたさらしねぎを添える。

参 考

・糖醋餛飩＜タンツゥワンタン＞（揚げワンタンの甘酢あんかけ）

・糖醋肉片＜タンツゥロウピエン＞（豚肉の片切りの甘酢あんかけ）

VI 溜菜・燴菜 113

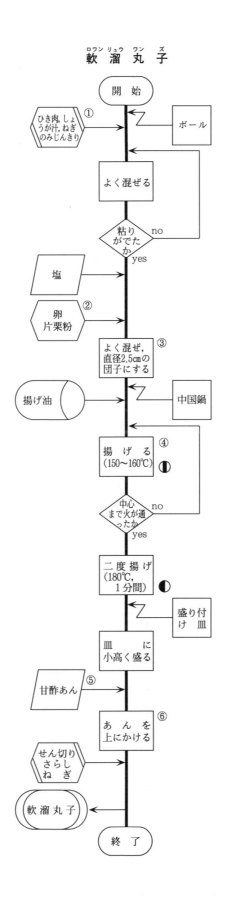

F　金銭冬菇
（生しいたけの詰め物くずあんかけ）

材料	生しいたけ		10枚	
	鶏ひき肉		120 g	
	A	塩	1 g	（小S1/5）
		酒	5 ml	（小S1）
		水	15ml	（大S1）
		片栗粉	4 g	（大S1/2）
	片栗粉		16 g	（大S2）
	ピーマン		30 g	（1/2個）
	ハム		1枚	
	グリンピース		10個	
	B	スープ	150ml	（3/4cup）
		塩	2 g	（小S2/5）
		片栗粉	6 g	（小S2）

　金銭＜ジン チェン＞は丸い形を表し，冬菇＜ドン グゥ＞はしいたけの中でも，肉質が厚く，縁が丸まっている種類で味も良い。しいたけのかさに肉を詰めてあんをかけた料理で，しいたけと鶏肉の取り合わせでさっぱりとしている。

調理上のポイント

① 鶏肉は調味料を加えて粘りが出るまでよく混ぜ，水と片栗粉を入れる。水を入れると肉がしまるのを防ぎ，軟らかく仕上がる。

② 生しいたけはゆでて水気を取っておく。

③ しいたけと肉を接着させるために，しいたけの裏側に片栗粉をまぶし，肉を詰める。

④ ピーマン，ハムは0.5cmぐらいの小角切りにして，グリンピースで飾り，更に並べて10〜15分蒸す。

⑤ 蒸し上がったら，あんをその上からかけて供する。

参　考

・鶏肉の代わりに，裏ごししたそら豆を使用する場合もある。

G　口蘑豆腐（ふくろたけと豆腐のあんかけ）

材料	ふくろたけ	80 g	
	豆腐（1丁）	300 g	
	グリンピース	20 g	
	スープ	200ml	（1cup）
	片栗粉	8 g	（大S1）
	油	45ml	（大S3）
	塩	1.7 g	（小S1/3）
	砂糖	24 g	（大S3）
	しょうゆ	7.5ml	（大S1/2）

　口蘑はふくろたけを表し，しょうゆ味でくせのない料理である。

調理上のポイント

① ふくろたけは，缶詰なら水切りをし，乾物ならもどしておく。

② 油を引いて色付く程度に炒める。

③ 炒めたふくろたけをスープで煮る。

④ 豆腐は1cm厚さで3cm角ぐらいに切り，水気を切っておく。

⑤ 水溶き片栗粉でとろみを付ける。

参　考

　ふくろたけのほか，マッシュルーム，しいたけ，まつたけなどで作ってもよい。

VI 溜菜・燴菜 115

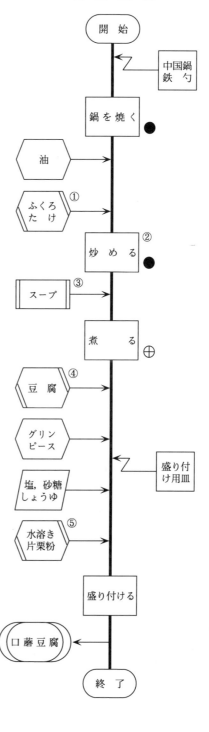

H 素糖醋排骨 <スゥ タン ツゥ パイ グゥ> （厚揚げの甘酢あんかけ）

材料	厚揚げ	2枚
	（衣）	
	小麦粉	100 g （1cup）
	水	150ml （3/4cup）
	卵（1個）	50 g
	塩	3 g （小S3/5）
	ゆでたけのこ	60 g
	にんじん	40 g
	ピーマン	60 g
	酢	30ml （大S2）
	しょうゆ	30ml （大S2）
	砂糖	16 g （大S2）
	トマトケチャップ	15ml （大S1）
	スープ	100ml （1/2cup）
	片栗粉	6 g （小S2）
	油	600ml （3cup）
	ごま油	少々

　料理名に素<スゥ>の字がつく場合は，一見，動物性素材の料理のようであっても，素材は植物性素材で調製していることを示している。排骨<パイ グゥ>は豚肉の骨付き部分を表し，厚揚げを骨付き肉に見立てた精進料理である。

調理上のポイント

① 厚揚げは熱湯をかけて油抜きし，水気を切って3cm角に切る。

② 揚げ油を180℃に熱し，厚揚げが色付く程度に揚げる。

③ たけのこは棒状に切ったものと，薄切りのものを用意する。

④ ピーマンは半分に切り，種を出し斜め5個に切り，にんじんは花形の薄切りにし，塩ゆでしておく。

⑤ ごま油を振って仕上げる。

VI 溜菜・燴菜　117

素糖醋排骨
(スッ タン ツゥ バイ グゥ)

1) 下ごしらえ

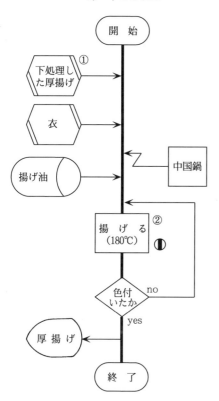

2) 素糖醋排骨をつくる

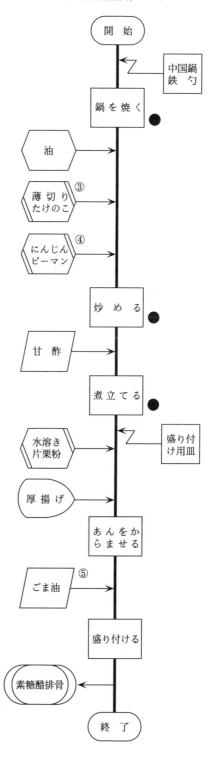

VII 焼 菜 · 煨 菜

1. 焼菜＜シャオ ツァイ＞・煨菜＜ウェイ ツァイ＞の基礎理論

1・1 焼菜・煨菜とは

　中国料理の煮物の種類は多く，前段階として蒸，炒，炸などの加熱調理を経た後に，煮込むという複合調理操作が多い。汁の量，火加減，加熱時間，調味法により様々な名称が用いられる。肉類，魚介類，野菜類などの材料から溶出する味成分，風味，香りと調味料が渾然一体となって仕上がるので，見た目も味付けも重厚である。煮汁に溶出した各種の成分が損なわれることなく，すべてが利用できるので栄養的にも優れた調理法である。また，材料と調味料の組み合わせにあまり制約がないので応用性が高い。

1・2 焼菜・煨菜の分類（p.119参照）

(1) 燉＜ドゥン＞：たっぷりとした水や調味料の中で，ゆっくり弱火で煮込む。スープに近い仕上がりで，材料は丸のまま用いる。(清燉嫩鶏＜チン ドゥン ネン ジィ＞：ひな鳥のスープ煮込み)。

(2) 煨＜ウェイ＞：中の材料がほとんど動かないような，ごく弱火で長時間煮込む。(煨蘭花＜ウェイ ラン ホワ＞：花切り豆腐干の煮込み)。

(3) 燜＜メン＞：鍋にぴったりしたふたをしたまま，弱火で長時間煮込む。(紅燜鳳翼＜ホン メン フォン イ＞：鶏手羽の煮込み)。紅とは，しょうゆをやや多めに用い，色好く仕上げる料理に共通する。

(4) 焼＜シャオ＞：材料を一度炒めてから調味料やスープを加え，とろ火で軟らかく煮る。燜より汁気が少なく，煮詰まった感じに仕上げる。(乾焼明蝦＜ガン シャオ ミン シャ＞：殻付き車えびのからし入り炒め煮)。

(5) 烹＜ポン＞：煮立った油の中に，材料と調味料を加えて炒め，手早く煮上げる。

(6) 煮＜ヂュウ＞：たっぷりした湯やスープの中で白く煮上げる。

(7) 滷＜ルゥ＞・醤＜ジャン＞：滷水やソースの中で一種の佃煮風に煮る。味は濃厚である。

(8) 炒＜チャオ＞：熱湯で軽くゆがくこと。

(9) 涮＜ショワン＞：鍋中の煮えたぎった湯の中で，材料を軽く振り洗いのように湯がき，調味料をつけて食する。

(10) 鍋子＜グォ ズ＞：涮と同様に，鍋の中で材料を煮ながら食べる料理名。(火鍋子＜フォ グォ ズ＞：五目寄せ鍋)

1・3　調理上のポイント

　水の対流で熱を伝えるため，100℃の温度を保つことが容易である。長時間100℃あるいは弱火にして，これ以下の一定温度を保持することも可能である。温度管理は専ら火加減によって行われるが，鍋のふたを密封させるか，半開にするか，または用いないかによっても影響を受ける。材料の組み合わせ，調味料を加えるタイミング，加熱時間などが仕上がりに影響する。煮汁が少なくなると対流が起こりにくく，焦げやすい。

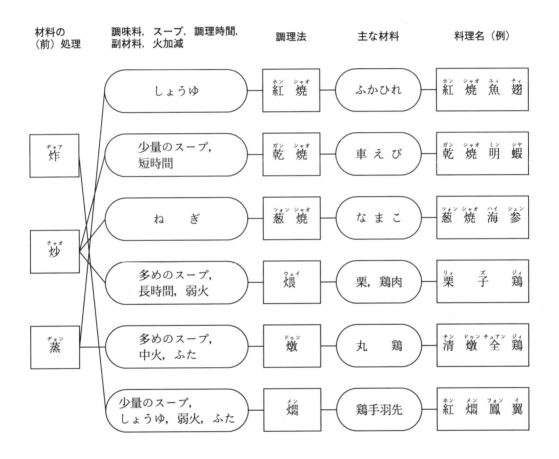

焼菜・煨菜の分類

2. 焼菜・煨菜の実習

A 紅燗鳳翼 <ホン メン フォン イ>（手羽肉のしょうゆ煮込み）

材料	手羽先	16本
	スープ	600ml（3cup）
	ねぎ	80 g
	しょうが	20 g
	酒	45ml（大S3）
	粒さんしょう又はういきょう	少々
	しょうゆ	30ml（大S2）
	砂糖	8 g（大S1）
	青梗菜	100 g
	油	少々
	塩	少々
	こしょう	少々

燗＜メン＞は弱火煮のことで，ふたをした鍋で弱火で煮る調理法を示している。その中の1つの紅燗＜ホン メン＞は煮汁にしょうゆを加え，濃厚な色にこってりと仕上げる場合を言う。鳳翼＜フォン イ＞は手羽先のことで，鶏肉を鳳凰に例えた表現。鶏の皮や豚の皮は軟らかく煮込んだものは，味が非常に濃厚でおいしい。この種のものは，味付けもまた濃厚にしないと調和しない。このまま冷やして冷菜として用いることもある。

調理上のポイント

① 手羽先は泡油をするか，熱湯をかけておく。

② ねぎは2〜3cmのぶつ切り，しょうがは皮をむいて軽くつぶしておく。

③ 汁気がなくなったら出来上がり。

④ 青梗菜はよく洗った後水を切り，強火でさっと炒め，塩・こしょうを少々振り仕上げる。

VII 焼菜・煨菜 121

紅燜鳳翼 (ホンメンフォンイ)

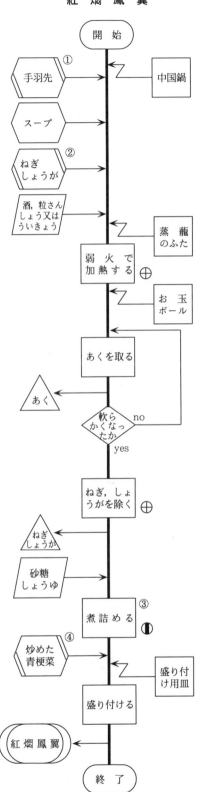

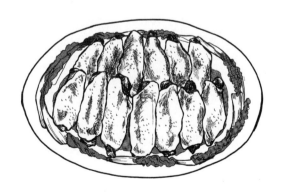

B 乾焼明蝦（ガン シャオ ミン シャ）（殻付き車えびのからし入り炒め煮）

材料	車えび	大8尾
	ねぎ	160 g
	にんにく	10 g
	しょうが	20 g
A	豆瓣醤	3.5 g（小 S 1/2）
	ケチャップ	30ml（大 S 2）
	酒	30ml（大 S 2）
	油	100ml（1/2cup）
B	スープ	67ml（1/3cup）
	塩	1.7 g（小 S 1/3）
	酒	15ml（大 S 1）
	砂糖	1.5 g（小 S 1/2）
	水溶き片栗粉	15ml（大 S 1）
	油	45ml（大 S 3）
	酢	5 ml（小 S 1）

　乾焼＜ガン シャオ＞は「焼」の調理のうち，紅焼＜ホン シャオ＞と並んで代表的な技法の1つである。大正えびを用いる場合は，乾焼大蝦＜ガン シャオ ダア シャ＞と言う。他にゆでたカリフラワーを入れることもある。四川の代表的なえび料理として広く愛好されている。

調理上のポイント

① 　豆瓣醤が手に入らない時は，とうがらし2本を輪切りにして使う。また，えびの代わりに魚を使う場合は，ケチャップの代わりにしょうゆを使う。

② 　最初は濁った感じになるが，水分が蒸発すると澄んでつやが出てくる。

③ 　えびは殻が取りにくいので，背に包丁目を入れ背わたを取り，ひげと脚をはさみで切り，尾の先の水を出す。頭の方から2 cm長さに斜めに切り，熱湯を通しておく。

VII 焼菜・煨菜 123

乾焼明蝦
ガン シャオ ミン シャ

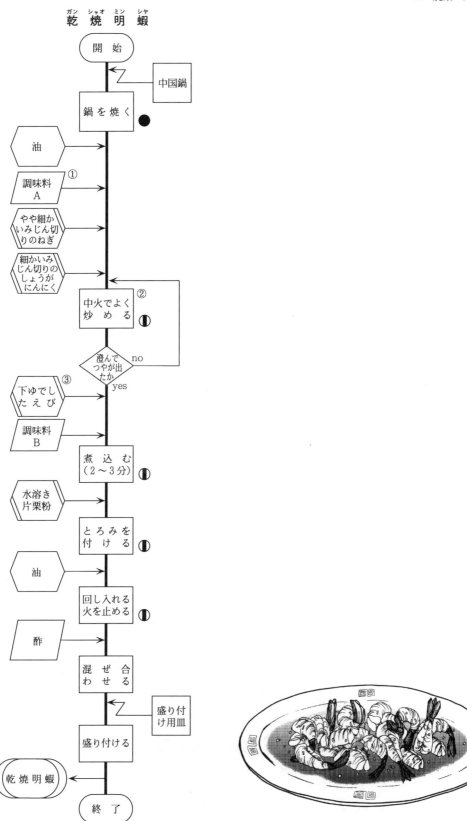

C 葱焼海参 (ツォンシャオ ハイ シェン)（なまこのねぎ風味炒め煮）

材料		
	なまこ（乾物）	大2個
	たけのこ（缶）	100 g
	ねぎ	160 g
	油	45ml（大S3）
A	スープ	400ml（2 cup）
	しょうゆ	45ml（大S3）
	酒	15ml（大S1）
	砂糖	8 g（大S1）
	水溶き片栗粉	15ml（大S1）

　葱焼＜ツォン シャオ＞は紅焼＜ホン シャオ＞と似ているが，特徴はねぎのぶつ切りを相当量加えて（揚げるか油で焼き付け，香ばしさを出す），全体にねぎの香気を十分に染み込ませたもの。汁はしょうゆ味の場合が多い。山東の名菜で，同時に海参＜ハイ シェン＞の最も代表的な料理の1つである。

調理上のポイント

① 直火であぶる場合もある。
② 油気があると溶けてしまう。
③ 沸騰させると軟らかくなり過ぎる。
④ 炒め過ぎると海参が煮崩れしやすい。
⑤ 弱火で煮込む料理なので，味加減は最後に行う。煮詰まり過ぎの場合はスープを足すが，火加減には十分注意する。

参　考

・海参は，黒くていぼのついている方がよい。
・乾物は温めた後，冷める時に水を吸って膨潤する。ゼリーぐらいの硬さを目安に戻すとよい。硬いと味が染み込まないので，もどし加減は重要である。

VII 焼菜・煨菜 125

葱焼海参 (ツォンシャオハイシェン)

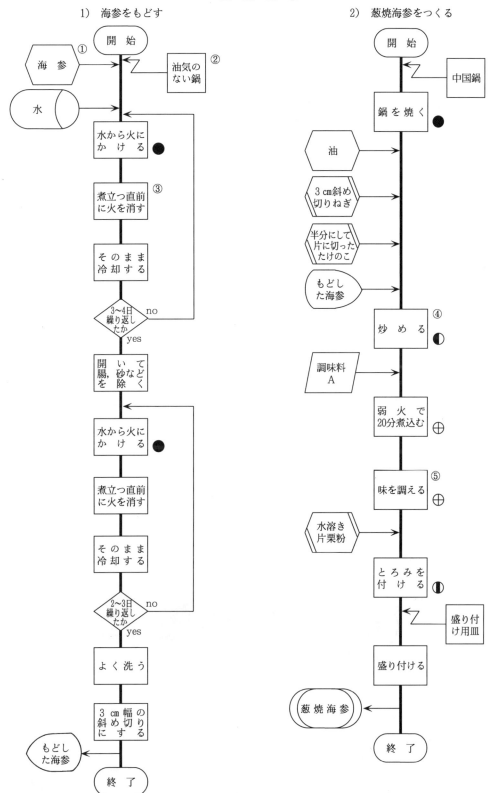

D 紅焼魚翅 (ふかひれのしょうゆ煮)

材料		
	魚翅(戻したもの)	200〜300g
	ラード	15g(大S1・1/5)
	ねぎ	15g
	しょうが	15g
	スープ	400ml (2cup)
	酒	15ml (大S1)
	しょうゆ	45ml (大S3)
	砂糖	4g (大S1/2)
	水溶き片栗粉	30ml (大S2)

　焼<シャオ>は煮る調理操作を表すが，加熱調理操作一般にわたる場合がある。煮汁の色，調味料の変化，汁の量の多少で紅焼<ホン シャオ>，黄焼<ホワン シャオ>，白焼<バイ シャオ>，乾焼<ガン シャオ>などの区別がされる。代表的なのは紅焼と乾焼の2種である。

調理上のポイント

① ふかひれは鉄や銅製鍋でゆでると黒ずむので避ける。

参　考

・このような最高級の素材を使った料理の場合，余計な副材料をあしらうのは厳禁である。ハムの，みじん切りやもやしを添える程度にする。

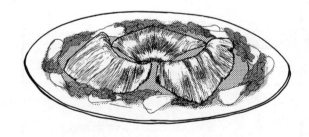

VII 焼菜・燴菜 127

紅焼魚翅 (ホンシャオユィチィ)

1) 魚翅の下ごしらえ　　　2) 魚翅を煮込む

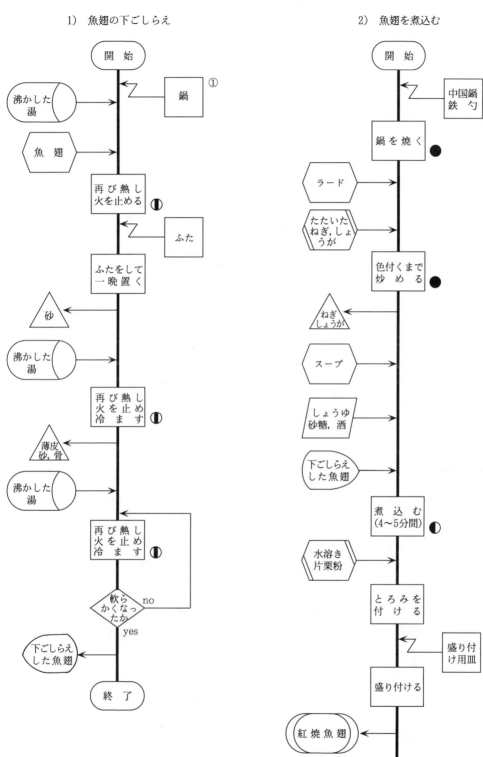

E 鶏翅黄豆
（鶏の手羽先と大豆のしょうゆ煮込み）

材料	鶏手羽先	500 g
	ねぎ	80 g
	しょうが	15 g
	油	80ml （2/5cup）
	大豆	70 g
	しょうゆ	100ml （1/2cup）
	砂糖	8 g （大S1）
	酒	15ml （大S1）
	水	400ml （2cup）

鶏の手羽先（鶏翅＜ジィ チィ＞）をしょうゆで煮込んだ料理で，黄豆＜ホワン ドウ＞（完熟した大豆）を用いる料理である。

調理上のポイント
① ねぎとしょうがは大きめに切る。
② 手羽先はきれいに洗っておく。
③ 大豆は一晩水に浸しておく。
④ ねぎとしょうがは取り出し，手羽先と大豆を盛り付ける。

F 栗子白菜（栗と白菜の煮込み）

材料	栗	400 g
	白菜	600 g
	油	60ml （1/3cup）
	スープ	100ml （1/2cup）
	砂糖	8 g （大S1）
	しょうゆ	50ml（大S3・1/3）

栗子＜リィ ズ＞（くり）と白菜＜バイ ツァイ＞を煮込んだ料理で，燉＜ドゥン＞（スープ煮を表す）の文字も加え栗子燉白菜と記す時もある。

調理上のポイント
① 白菜は幅2 ㎝，長さ4 ㎝程度に切る。

参 考
生の栗がない時は，甘露煮の栗を利用する。この場合は甘味が強くなり過ぎるので，砂糖の量を控える。

Ⅶ 焼菜・煨菜

鶏翅黄豆 (ジィチィホワンドウ)

開始
- 中国鍋、鉄勺
- 鍋を焼く●
- 油
- ねぎ、しょうが ①
- 手羽先 ②
- 手羽先が色付くまで炒める●
- 色付いたか？
  - no → 戻る
  - yes ↓
- 厚手の鍋
- 手羽先を厚手鍋に移す
- しょうゆ、砂糖、酒
- 水
- ふやかした大豆 ③
- ふた
- ふたをして煮る(約1時間20分)○
- 軟らかくなったか？
  - no → 戻る
  - yes ↓
- 盛り付け用皿
- 鶏翅黄豆 ④
- 終了

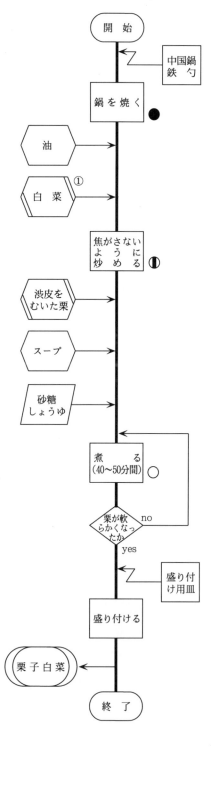

栗子白菜 (リィズバイツァイ)

G 紅焼茄子 (なすのひき肉挟みしょうゆ煮)

材料	なす		小8個
	(肉あん)		
A	豚ひき肉		100 g
	ねぎ (みじん切り)		少々
	しょうが汁		5 ml (小S1)
	しょうゆ		5 ml (小S1)
	塩		2 g (小S2/5)
	酒		5 ml (小S1)
	干しえび		2 g
	しょうゆ		60ml (大S4)
	砂糖		約5 g (大S2/3)
	酒		15ml (大S1)
	油		45ml (大S3)
	枝豆		70 g

茄子<チェ ズ>は油とよく合うので，炒め物や炒め煮が多く，紅焼茄子など枝豆やピーマンなどとの炒め合わせは彩りも鮮やかである。

調理上のポイント

① なすはへたを取り縦2つに切り込みを入れ，水に漬けてあくを抜いて水気を切り，材料Aをよく混ぜた肉あんを挟む。

② 枝豆はさやから出して塩ゆでにする。

H 羅漢斎 (野菜の炒め煮)

材料	たけのこ (小2個・缶)		100 g
	干ししいたけ		15 g
	にんじん		50 g
	グリーンアスパラガス		100 g
	マッシュルーム (缶)		40 g
	ぎんなん (缶)		50 g
	スープ		50ml (1/4cup)
	水溶き片栗粉		7.5ml (大S1/2)
	油		30ml (大S2)
	塩		2.5 g (小S1/2)
	砂糖		1.5 g (小S1/2)
	酒		15ml (大S1)
	しょうゆ		18ml (大S1)

精進の八宝菜とも言われ，数種類の野菜を炒め合わせた精進料理。羅漢<ルオ ハン>は素菜<スゥ ツァイ>につけられる形容。阿羅漢（略して羅漢）は仏教の修行者の最高位であるが，素菜，すなわち精進材料や野菜料理の形容としてつけられる例が多い。広東料理のなかでも家庭料理には欠かせない一品である。

調理上のポイント

① たけのこは縦の薄切りにしておく。

② 干ししいたけは戻してそぎ切り。

③ マッシュルーム (缶) は水気を切っておく。

④ にんじんは薄切りにして塩茹でしておく。

⑤ 最後にぎんなんとグリーンアスパラガスを入れて仕上げる。

VII 焼菜・煨菜 131

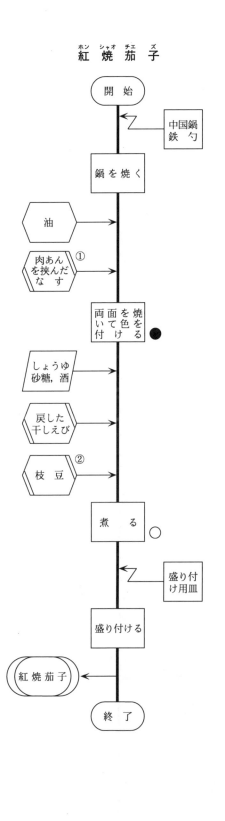
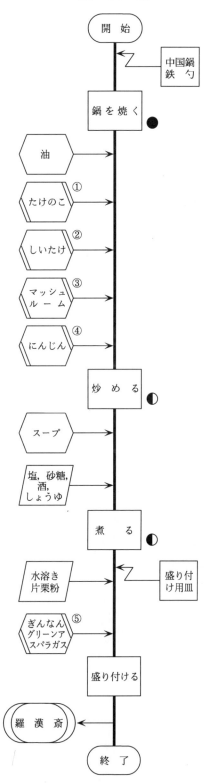

I 紅焼獅子頭 (大きな肉団子のしょうゆ煮)

材料	豚ひき肉	450 g
A	ねぎ（みじん切り）	80 g
	卵（1個）	50 g
	塩	5 g（小S1）
	しょうゆ	5 ml（小S1）
	酒	7.5ml（小S1・1/2）
	砂糖	1 g（小S1/3）
	片栗粉	8 g（大S1）
	ラード	390 g（2cup）
	ねぎ	80 g
	しょうが	15 g
	スープ	600ml（2cup）
	酒	15ml（大S1）
	しょうゆ	12ml（大S4/5）
	しいたけ（4個）	
	たけのこ	110 g
(仕上げ用)		
	山東菜（4株）	
	ラード	26 g（大S2）
B	スープ	150ml（3/4cup）
	しょうゆ	12ml（大S4/5）
	酒	7.5ml（大S1/2）
	塩	2.5 g（小S1/2）
	水溶き片栗粉	15ml（大S1）

調理上のポイント

① 肉に材料Aを合わせ，よく混ぜ合わせ丸めておく。

② しいたけはゆでて4つ切り，たけのこは縦4つに切り，更に斜め切りにしておく。

③ 山東菜をラードで炒める。

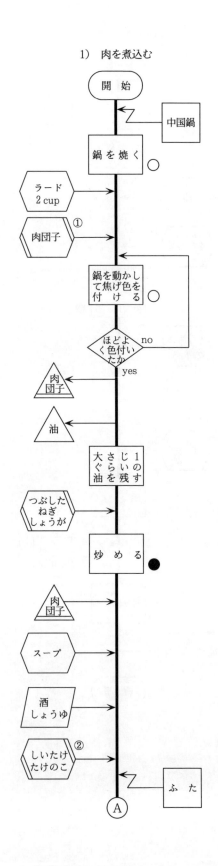

1) 肉を煮込む

VII 焼菜・煨菜 133

紅焼獅子頭
ホン シャオ シィ ズ トウ

2) 仕上げる

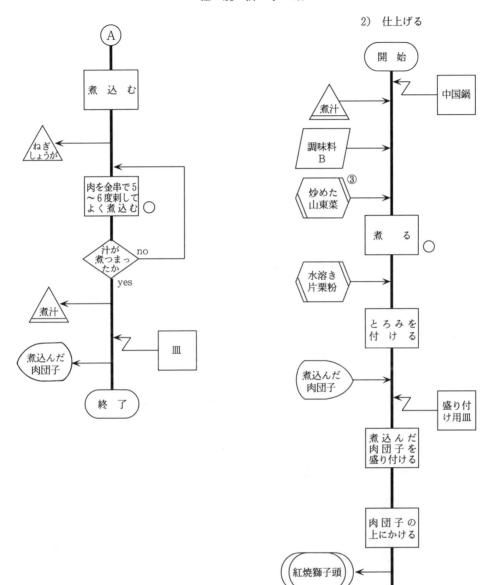

J　麻婆豆腐（ひき肉と豆腐のとうがらし炒め）

材料	木綿豆腐（1丁）	300 g
	豚ひき肉（赤身3：脂身1）	80 g
	ねぎ	50 g
	しょうが	20 g
	にんにく	10 g
	炒め油	30 ml（大S2）
A	豆瓣醤	7 g（小S1）
	甜面醤	6 g（小S1）
	酒	10 ml（大S2/3）
	しょうゆ	25 ml（大S1・2/3）
	スープ	100 ml（1/2cup）
	水溶き片栗粉	20 ml（大S1・1/3）
	ごま油	少々

　豆腐と豚ひき肉を炒めて豆瓣醤＜ドゥ バン ジャン＞（辣醤＜ラァ ジャン＞＝とうがらしみそ）で味を付けた，四川料理として有名であるが，陳麻婆（チエン マァ ポォ）という女性がはじめて作ったという。麻は姓ではなく，顔にあばたのある女性が作ったので，あばたおばさんの豆腐と言っているうちに，この料理名になったと言われている。

調理上のポイント

① 　豆瓣醤，甜面醤を使うと味も大変よくなるが，手に入らない時は辣油，とうがらし粉，赤みそ，砂糖，酒，しょうゆなどを用いる。

② 　豆腐は湯がいて硬めに水切りをした方が味がよく染みる。水切り後1〜1.5cm角のさいの目に切り，形を崩さないように丁寧に混ぜる。

VII 焼菜・煨菜 135

麻婆豆腐 (マァポォドウフゥ)

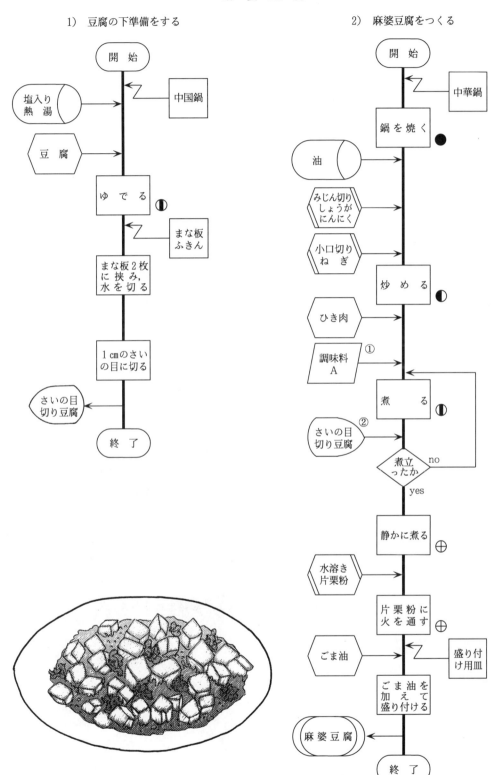

K 紅煨蘿蔔 <ホン ウェイ ルオ ボォ> （だいこんの煮付け）

材料	だいこん（1本）	1 kg
	しょうが	30 g
	油	45ml（大S3）
	しょうゆ	45ml（大S3）
	砂糖	12 g（大S1•1/2）
	スープ	600ml（3cup）

紅<ホン>はしょうゆを使った料理を示し，蘿蔔<ルオ ボォ>はだいこんのことで，だいこんをしょうゆ味のスープで煮込んだ料理である。

参 考

• 紅焼牛肉<ホン シャオ ニュウ ロウ>（牛肉とだいこんの煮込み）

L 蕃茄牛腩 <ファン チエ ニュウ フゥ> （トマトと牛肉の煮込み）

材料	牛ばら肉	300 g
	油	30ml（大S2）
	しょうが	10 g
	にんにく	1粒
	スープ	600ml（3cup）
	┌酒	15ml（大S1）
	│塩	3 g（小S2/3）
	┤しょうゆ	15ml（大S1）
	│こしょう	少々
	└砂糖	6 g（小S2）
	干ししいたけ	10 g
	ねぎ（1本）	
	油	15ml（大S1）
	八角	1個
	トマト（2個）	
	油	26ml（大S2）
	しょうゆ	15ml（大S1）
	片栗粉	少々

蕃茄<ファン チエ>はトマトであるが，収穫期などが，なすに似ていることから紅茄<ホン チエ>という呼び方もある。2種の材料が料理名となっている。

調理上のポイント

① ねぎを4cm長さのぶつ切り，しいたけは小さいものはそのまま，大きいものは2～3等分して炒めておく。

② トマトは湯むきして6つ割りにして炒めておく。

③ 煮汁が残っていたら，水溶き片栗粉を加えて煮汁を絡ませてもよい。

Ⅶ 焼菜・煨菜　137

紅煨蘿蔔 (ホンウェイルオボォ)

蕃茄牛腩 (ファンチエニュウフゥ)

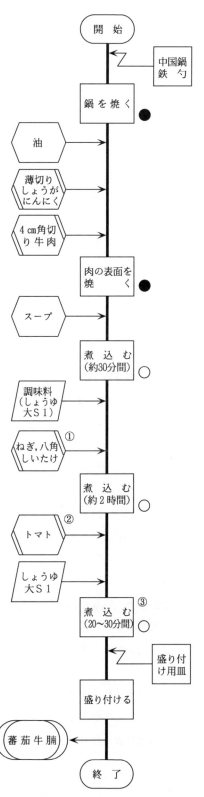

Ⅷ 蒸　菜

1．蒸菜＜ヂョン　ツァイ＞の基礎理論

1・1　蒸菜とは

　蒸すとは，水を沸騰させた高温蒸気の潜熱（2.256kJ/1 g）により材料を加熱することである。適した材料は，動物性食品では鶏肉や白身の魚，穀類，いも類，蒸し菓子など，また流動性のある卵液なども，容器に入れたまま加熱することも可能である。焦げる心配がなく，長時間加熱が可能なため，大きな材料も中心部分までゆっくりと加熱でき，風味を損なうことも少ない。煮物に比較して，形が崩れにくく，味や香りを保つのに有効である。

　中国料理では，木製品である蒸籠の中で加熱する。直径，深さの異なった蒸籠があるが，木製品なので直接鉄鍋に触れないよう，蒸籠の縁が湯に浸っているよう注意する。長時間の加熱で湯が不足する場合は，別に沸騰させておいた湯を補給する。蒸籠は，必要に応じて二段重ね，また反転して用いると便利である。

1・2　蒸菜の分類（p.139参照）

(1)　清蒸＜チン　ヂョン＞：新鮮な材料をそのまま，蒸籠で蒸し上げて仕上げる。（清蒸魚：魚の姿蒸し）

(2)　粉蒸＜フェン　ヂョン＞：材料に下味を付け，米の粉をまぶしつけて蒸す。

(3)　燉＜ドゥン＞：たっぷりのスープの中で味を含ませながら，材料の繊維が軟らかくなるまで蒸す。（清燉全甲魚＜チン　ドゥン　チュアン　ジャ　ユィ＞：すっぽんの型入れ蒸し）

(4)　燜＜メン＞：材料を姿のまま，味を含ませて煮込んで仕上げる意味と，材料を器にして詰め物を入れて蒸すという解釈がある。（燜青椒肉＜メン　チン　ヂャオ　ロウ＞：ひき肉のピーマン詰め蒸し）

1・3　調理上のポイント

　蒸籠は，金属製とは異なり，熱の当たりが軟らかい。蒸気が上がってから材料を入れて蒸し始めるのは，蒸し物に共通する操作である。温度管理は，火加減とふたの開閉によって調節する。炸菜と同様に加熱操作中に調味ができないので，材料の前処理として下味を付けておくか，または後で調味する。

　蒸しだけで完成する料理，蒸して材料を軟らかくして別な調理法で仕上げる料理，あらかじめ焼，炸などの前処理を行ってから蒸し上げる料理などがある。一般に肉類は蒸すほど軟らかくなるが，蒸し過ぎると魚介類は硬くなり，風味も損なわれる。材料ににおいがないものの蒸し汁は，調味料としても用いられる。

VIII 蒸 菜 139

蒸菜の分類

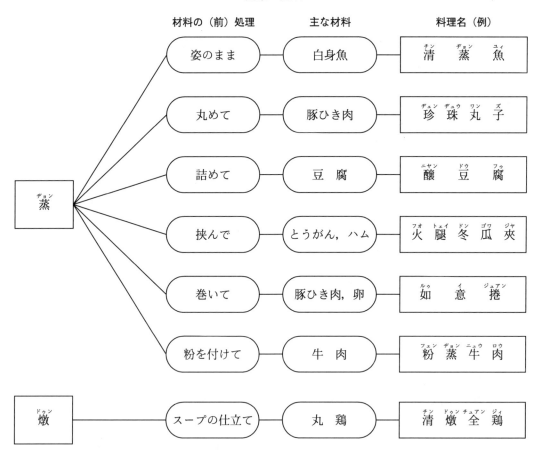

2．蒸菜の実習

A　真珠丸子（豚ひき肉のいがぐり蒸し）
<ruby>珍</ruby>ヂェン <ruby>珠</ruby>ヂュウ <ruby>丸</ruby>ワン <ruby>子</ruby>ズ

材料		
	もち米	100 g（2/3cup）
	豚ひき肉	200 g
	卵	25 g
	水	45〜60ml（大S3〜4）
A	酒	15ml（大S1）
	塩	1.7 g（小S1/3）
	こしょう	少々
	片栗粉	8 g（大S1）
（つけ汁）		
	しょうゆ	適量
	からし	適量

　真珠（珍珠＜ヂェン ヂュウ＞）は，真珠のような粒の表現で，白い丸い粒状のものを言い珍珠丸子＜ヂェン ヂュウ ワン ズ＞，珍珠元子＜ヂェン ヂュウ ユアン ズ＞，糯米丸子＜ヌオ ミィ ワン ズ＞と書くこともある。

調理上のポイント

① 粘りが出るまでよく混ぜる。
② よく水を切り，米粒の表面が乾き始めるくらいで使うと，肉の表面によく付き，蒸し上がりも美しくいがぐり状になる。
③ 蒸し上がりはもち米に照りが出て半透明になり，指の間でつぶれて芯がなければよい。

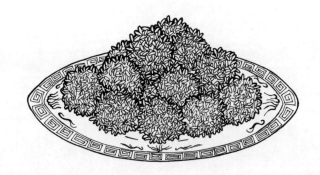

VIII 蒸 菜 141

真珠丸子
（ヂェン ヂュウ ワン ズ）

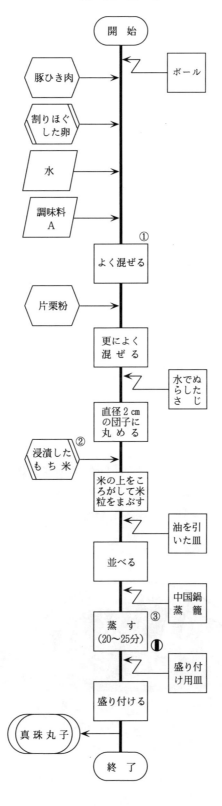

B 清蒸魚（魚の姿蒸し）
<small>チン ヂョン ユィ</small>

材料		
	いさき（1尾）	600 g
	塩	少々
	しいたけ（大1枚）	
	ボンレスハム（1枚）	20 g
	たけのこ	30 g
	ねぎ	40 g
	しょうが	10 g
A	酒	30ml（大S2）
	塩	5 g（小S1）
	スープ	45ml（大S3）
（つけ汁）		
B	酢	15ml（大S1）
	砂糖	8 g（大S1）
	しょうゆ	7.5ml（大S1/2）
	塩	2.5 g（小S1/2）
	酒	15ml（大S1）
	しょうが汁	5 ml（小S1）

　清蒸＜チン ヂョン＞は，材料を器に入れあっさりと薄味を付け，スープを少々さしてその器ごと蒸して火を通す調理。魚は姿が美しく，くせのないものがよい。清蒸桂魚＜チン ヂョン ゴェイ ユィ＞のように料理名に用いた魚の名を記すときもある。

調理上のポイント

① うろこを取り，内臓とえらを除き，塩水で洗いざるの上で薄塩をする。ふきんで水気を取る。魚の両面に包丁目を入れる（3～4本）。

② 蒸し過ぎるとおいしくなくなるので，回りの汁が澄んだら取り出す。

　いさきのほかにすずき，たい，はまちなどが適する。魚が大きい時は，姿のままは蒸しにくいので，包丁目を入れたところから半分にして深鉢で蒸す。

Ⅷ 蒸　菜　143

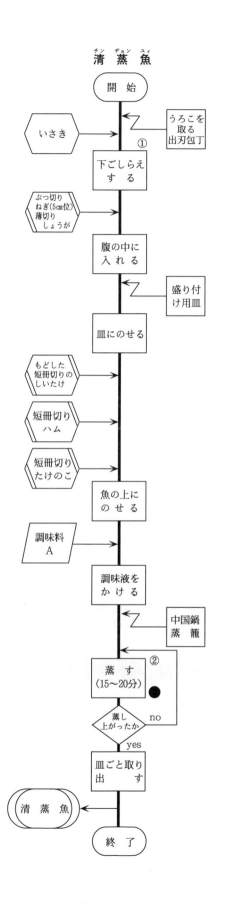

C 蒸東坡肉（豚の角煮風蒸し物）

材料		
	豚三枚肉（塊）	500 g
	しょうゆ	30ml（大S2）
	油	30ml（大S2）
	ねぎ	80 g
	しょうが	15 g
A	酒	15ml（大S1）
	しょうゆ	15～30ml（大S1～2）
	砂糖	6～9 g（小S2～3）
	蒸し汁	100ml（1/2cup）
	水溶き片栗粉	少々
	ほうれんそう	100 g
	塩	少々
	こしょう	少々

調理上のポイント

① 肉の色が変わったら，湯は新しいのと取り替える。肉に竹串を刺して色の付いた汁が出なければゆで終わり。

② ゆで汁にしょうゆなどで味付けをすると，スープになる。

③ ほうれんそうはさっとゆでて，6 cmくらいの長さに切り，油炒めにして軽く塩，こしょうをする。

蒸東坡肉 (ヂョンドンポォロウ)

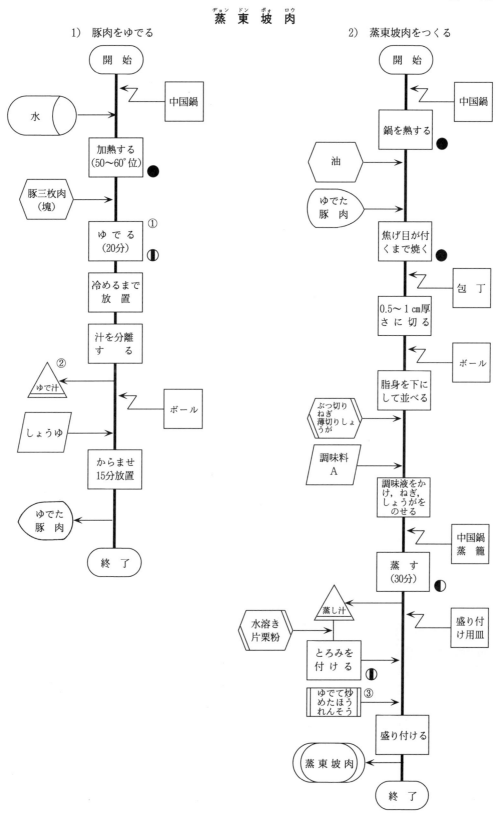

D 粉蒸牛肉 (牛肉の米粉蒸し)

材料	牛赤身肉	300 g
	酒	15ml (大S1)
	砂糖	6 g (小S2)
	ごま油	10ml (小S2)
	スープ	75ml (大S5)
	しょうが汁	5 ml (小S1)
	しょうゆ	20ml (大S1・1/3)
	ねぎ	80 g
	煎米の粉	120 g
	蓮葉	5枚

　粉蒸<フェンヂョン>は材料に下味を付け，更に米の粉をまぶしつけて蒸す調理。牛肉を用いた時は粉蒸牛肉と記すが，豚肉の時は粉蒸肉である。蒸す時間は熱が通るだけでなく，米の味と材料の味がなじみ合うまで，長時間蒸す方がよい。

調理上のポイント

① 牛肉は薄切りにして調味料とスープを合わせ，中に20分間浸しておく。

② 煎米の粉は，洗った米を鍋で薄い焦げ色が付く程度に乾煎りして，ミキサーで粉砕するか，すり鉢で粉にする。

③ 蓮葉が手に入らない時は，アルミ箔を30cm角に切ったものでもよい。

・類似の料理

1) 蒸菜包肉<ヂョン ツァイ バオ ロウ>（豚肉のキャベツ巻き）

2) 蒸菜秋刀魚<ヂョン ツァイ チウ ダオ ュィ>（さんまの白菜巻き）

3) 蒸菜撤顛<ヂョン ツァイ サア デイエン>（いわしの白菜巻き）

4) 巻菜包牛肉<ジュアン ツァイ バオ ニュウ ロウ>（牛肉のキャベツ巻き）

E 清蒸青花魚 (さばの姿蒸し)

材料	さば（1尾）	約450 g
	塩	7.5 g (小S1・1/2)
	たけのこ	1個
	しいたけ	4枚
	ハム	1枚
	ねぎ	40 g
	酒	45ml (大S3)
（つけ汁）		
	酢	30ml (大S2)
	しょうゆ	20ml (大S1・1/3)
	しょうが汁	5 ml (小S1)

調理上のポイント

① さばは，ひれとえらを除き，裏より内臓を出した後，きれいに洗って水気を拭き取る。両面に斜めに包丁目を3～4本入れて，塩を振っておく。

清蒸鱸魚<チン ヂョン チンル ュィ>（すずきの蒸し物）

清蒸鯛魚<チン ヂョン ディヤオ ュィ>（たいの姿蒸し）

清蒸鯽魚<チン ヂョン ジイ ュィ>（ふなの姿蒸し）

Ⅷ 蒸 菜 147

粉蒸牛肉（フェンヂョンニュウロウ）

清蒸青花魚（チンヂョンチンホワユィ）

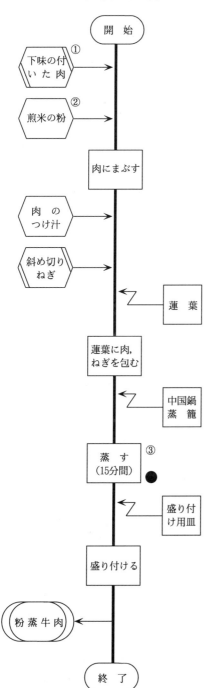
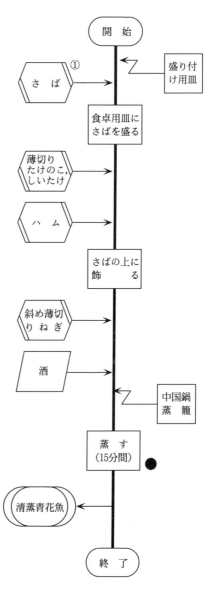

F 清燉白菜〈チン ドゥン バイ ツァイ〉（白菜のスープ蒸し）

材料	白菜	600 g
	ハム	4 枚
	スープ	640ml（3・1/5cup）
	塩	6.6 g（小S1・1/3）

清燉〈チン ドゥン〉は素材とスープを一緒に器に入れて蒸した料理で，特にスープがよく澄んでいる状態のものを示す。直火で煮ないので，汁が濁らず素材の形が崩れない。

調理上のポイント

① 白菜は，根元を切り離さないように，縦に4等分したものを，熱湯で軟らかくなるまでゆでて冷ます。

② 器に白菜を入れ，次にスープを入れて白菜が透き通るようになるまで蒸す。

③ ハムのうま味はスープに移っているが，家庭では，適宜切って盛り付けてもよい。

参 考

・スープは濃厚でおいしいものを用いる。

G 一品豆腐〈イ ピン ドゥ フゥ〉（裏ごし豆腐の蒸し物）

材料	豆腐（1丁）	300 g
	鶏ささみ肉	100 g
	豚の背脂	50 g
	しょうが汁	5 ml（小S1）
	スープ	5 ml（小S1）
	塩	3.3 g（小S2/3）
	卵白（1個分）	25 g
	酒	30ml（大S2）
	片栗粉	8 g（大S1）
	こしょう	少々
	卵白（2個分）	50 g
	ちんげん菜	1/2株
	グリンピース	30 g
	にんじん	15 g
	マッシュルーム	40 g
（くずあん）		
	スープ	200ml（1cup）
	酒	15ml（大S1）
	塩	2 g（小S2/5）
	片栗粉	3 g（小S1）

一品とは最高の格式の形容である。一品は官階の最高の位であったことから，料理名に付けられる場合は，その料理が精選された材料を用い，雑然と余分の副材料を加えたりしていない，最高の格式のものであることを表している。

調理上のポイント

① ささみは筋を取り，細かくたたいてすり鉢でする。背脂も同様にする。

② スープの量はささみと背脂の半量ぐらいまでとする。

③ こんもりと丸い型となるように，深皿を型の代わりに用いる。

④ ちんげん菜は油通しし，軽くスープで煮る。マッシュルームは十文字の切れ目を入れておく。にんじんは，ゆでて切っておく。

⑤ 別鍋であんを作っておき，全体を覆うようにかける。

VIII 蒸 菜 149

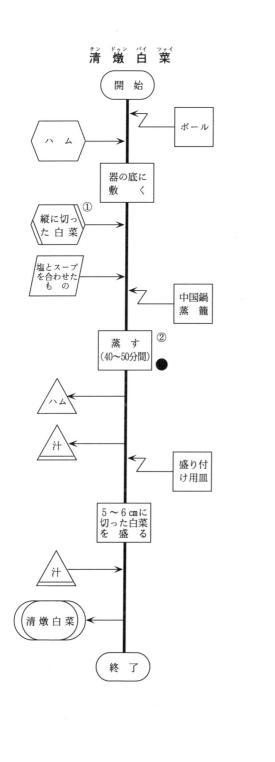
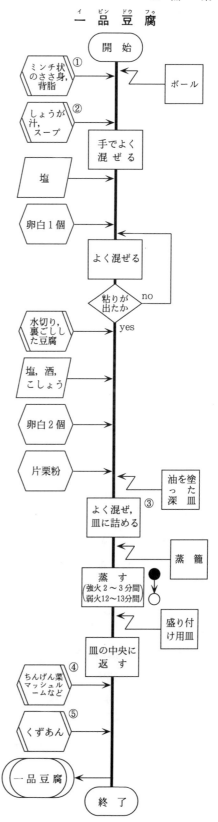

IX 湯　　菜

1．湯菜＜タン ツァイ＞の基礎理論

1・1　湯菜とは

　湯はスープという意味であり，湯菜はスープ料理である。献立中では主要な料理の締めくくりとしての位置にある。スープは調味料としても重要で，様々な材料からうま味成分だけを，上手に抽出することが重要である。調味料としてのスープは炸菜，烤菜以外のほとんどの調理に用いられる。

1・2　湯菜の分類（p.151参照）

(1)　スープをとる材料別分類

　　葷湯＜ホン タン＞：鶏，豚，魚介などの動物性食品を材料

　　素湯＜スゥ タン＞：野菜，にんじん，しいたけ，たまねぎ，いも類などの植物性材料を用いた精進
　　　　　　　　　　　　スープ

(2)　スープの清・濁による分類

　　清湯＜チン タン＞：澄んだスープ

　　奶湯＜ナイ タン＞：濁ったスープ

(3)　等級別分類

　　頂湯＜ディン タン＞：最高級の澄んだスープで上湯にひき肉を加えて煮出し，濃厚な味を持たせた
　　　　　　　　　　　　　スープ，燕窩＜イェン ウォ＞のスープ料理などに用いられる。

　　上湯＜シャン タン＞：老鶏，脂身の少ない上等な豚肉，干し貝柱などを用いた高級なスープ

　　二湯＜アル タン＞：二番だしのスープで，上湯をとった残りに水を半量加え煮出すが，スープ料理
　　　　　　　　　　　　には用いない。

　　毛湯＜マオ タン＞：普通だしのスープで鶏骨，豚骨などを主体とする。

(4)　材料別分類

　　肉湯＜ロウ タン＞：豚肉，豚骨が原料。

　　鶏湯＜ジィ タン＞：鶏肉，鶏骨が原料。

　　火腿湯＜フオ トェイ タン＞：中国ハムが原料。

　　海米湯＜ハイ ミィ タン＞：干しえびが原料。

　　干貝湯＜ガン ベイ タン＞：干し貝柱が原料。

(5) スープの状態による分類

川＜チョワン＞：中身を入れてから長く煮ない，すまし風スープ

熬＜アォ＞：切ったり，くだいたりした材料を多く用い，汁が少なめのどろりとしたスープ。

羹＜ゴン＞：汁が多めで材料が少ないとろみのついたスープ。

1・3　調理上のポイント

　湯のもとを調製する材料は新鮮なものを用い，動物性の材料は，血液や粘質物などの汚れを極力除くことが大切である。熱湯をかけて表面の汚れを除いた後，十分水さらしして，うま味成分だけが抽出されるようにする。ねぎ，しょうがを併用することにより生臭みが押さえられる。過度の沸騰がないよう火加減に注意し，また，あくはこまめにすくうことと，脂身が少ない材料を用いて澄んだ湯をとる。逆に濁った湯は，脂身を多く用い，強火で沸騰させる。

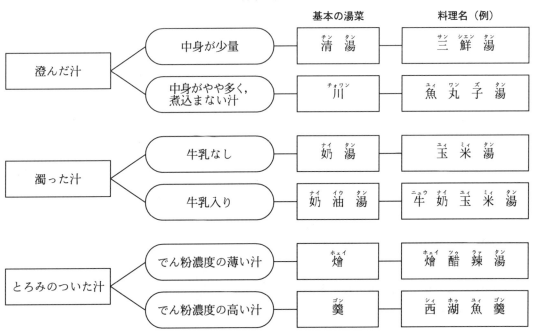

湯菜の分類

2．湯菜の実習

A　清　湯（家庭的な湯の作り方①）

材料　（仕上がり量約1ℓ）	
鶏がら	1羽
水	1800ml（9cup）
ねぎ	80g
しょうが	20g

　清湯＜チンタン＞は澄んだスープを言う。来客用の湯を取る時には，鶏がらの代わりに老鶏（縦割り）や豚すね肉などを使う。

調理上のポイント

① 　澄んだ湯のもとを取るためには，新しい鶏がらを選ぶこと。

② 　あく汁はこまめに取る。

③ 　弱火は鍋の中央がわずかに煮立っている程度でよい。

④ 　半量になるまで約90分掛かる。

参　考

　清湯＜チンタン＞は高級な澄んだスープで，最初は材料の肉類や骨を強火で煮立たせたら，浮いたあくをすくい弱火で煮出す。掃湯＜サオタン＞をして，更に澄ませる方法がよくとられる。掃湯はスープの味を良くし，濁りを吸収させるために，スープを取っている最中に，鶏肉のすり身などを入れてかき混ぜ，あくを吸わせてからすくって捨てること。

B　奶　湯（家庭的な湯のもとの作り方②）

材料　（仕上がり量1ℓ）	
丸鶏（縦割り）	1/2羽
鶏がら	1羽
豚の背脂	250g
ねぎ	80g
しょうが	15g
酒	少々
水	2500ml（12・1/2cup）

　奶湯＜ナイタン＞は強火で煮出して作った白濁したスープ。濃厚な味なので，焼＜シャオ＞・扒＜パア＞などの煮物料理にむく。白湯＜バイタン＞も白くて濃厚なスープのことで，奶湯と同じである。清湯のもとに牛乳を入れて代用してもよい。

調理上のポイント

① 　あくはこまめに取ることが大切。

② 　鍋から吹きこぼれない程度の中火で加熱する。

③ 　加熱時間は4～6時間くらい掛かる。

IX 湯 菜 153

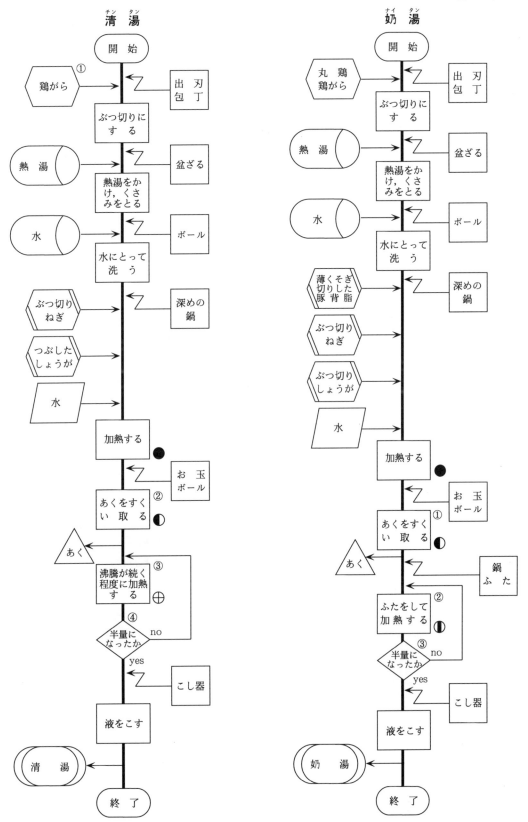

C 搾菜肉片湯 <small>ヂャア ツァイ ロウ ピエン タン</small>

（搾菜と豚肉の薄切りスープ）

材料	豚ひれ肉	60 g
	酒	1.7ml（小 S 1/3）
	片栗粉	1 g（小 S 1/3）
	搾菜	25 g
	ねぎ	30 g
	清湯	800ml（4 cup）
	しょうゆ	少々

調理上のポイント

① 豚肉は薄いそぎ切りにし，酒で下味を付け，片栗粉を振り掛けまぶしておく。

② 搾菜は，半日くらい水に浸け塩出しをする。よく水洗いした後，薄いそぎ切りにする。搾菜は，煮過ぎると色も味も悪くなるので最後に入れる。

③ あくが出るので取る。

参　考

・搾菜＜ヂャア ツァイ＞は四川省のおし漬け

D 蘿蔔酥肉湯 <small>ルオ ボォ スゥ ロウ タン</small>

（だいこんと揚げ豚肉の煮込み汁）

材料	豚ばら肉	120 g
A	塩	1.7 g（小 S 1/3）
	こしょう	少々
	片栗粉	少々
	（衣）	
	卵（1/2個）	25 g
	片栗粉	30 g（大 S 3・3/4）
	水	15ml（大 S 1）
	揚げ油	600ml（3 cup）
	だいこん	400 g
	水またはスープ	1800ml（9 cup）
	ねぎ	10 g
	しょうが	15 g
B	砂糖	8 g（大 S 1）
	酒	15ml（大 S 1）
	こしょう	少々

調理上のポイント

① 衣は卵を溶き，片栗粉を入れ，水を加えて作る。片栗粉を使う理由は，揚げてもすぐに色付かない，煮込んでも衣が離れにくい，などの点を利用する。

② だいこんは皮をむき 4 つ割りにしたものを乱切りにする。120～140℃の温度で泡油を比較的長くする。

③ 水の量は火加減によって異なる。蒸籠でふたをし，弱火で煮込む。

IX 湯 菜 155

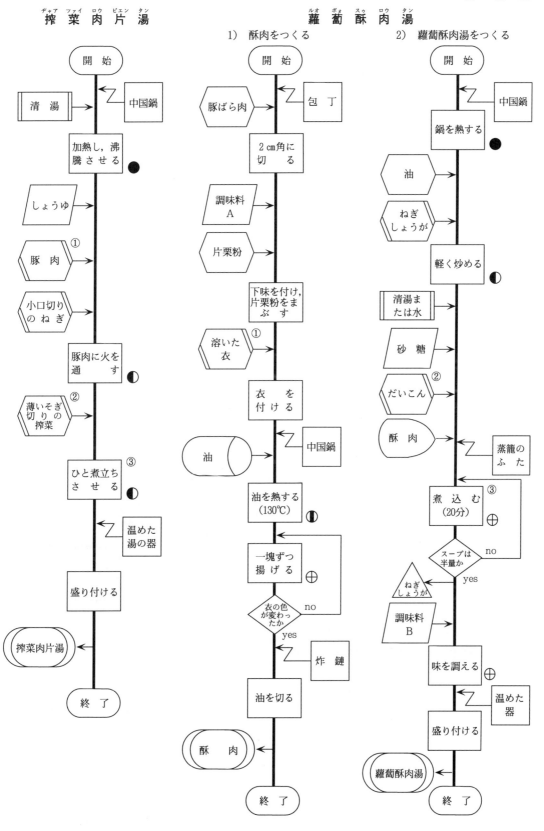

E 豆腐丸子湯 （豆腐団子のスープ）
ドウ フゥ ワン ズ タン

材料	豆腐 (1/3丁)	
	豚ひき肉	70 g
A	酒	10ml（大S 2/3）
	塩	1 g（小S 1/5）
	卵白 (1/2個)	15 g
	片栗粉	6 g（大S 3/4）
	春雨	少々
	きくらげ	3〜4枚
	金針菜	3〜4本
	たけのこ	50 g
	スープ（清湯）	700ml（3・1/2cup）
B	酒	10ml（大S 2/3）
	塩	1.7 g（小S 1/3）
	こしょう	少々
	ほうれんそう	3〜4本

調理上のポイント

① ひき肉は赤身7：脂身3の割合のものを使う。脂身が入ると団子がスープに浮く。

② 卵白の方がふわっとできる。卵白を入れて粘りが出るまで混ぜることが大切。

③ 春雨はぬるま湯で前日から戻し，4〜5 cm長さに切る。きくらげは洗って砂を取り，水で戻して石づきを取り，程よい大きさに切る。金針菜はぬるま湯に漬けて戻し，端の硬いところを切り，半分の長さに切る。

④ 丸子は作りながら沸騰しているスープに入れる。ほうれんそうは4 cm程度に切り，火を消す直前に入れる。

⑤ 丸子を入れてからは，あまりかき回さない。沸騰が長く続くと，団子が割れて見た目が悪くなる。

F 玉米湯 （とうもろこしのスープ）
ユィ ミィ タン

材料	スイートコーン（クリームタイプ）	400 g
	卵 (1.5個)	75 g
	スープ（清湯）	600 g （3 cup）
A	酒	10ml（大S 2/3）
	塩	4 g（小S 4/5）
	こしょう	少々
	水溶き片栗粉	25ml（大S 1・2/3）

玉米＜ユィ ミィ＞，包米＜バオ ミィ＞，珍球米＜ヂェン ヂゥ ミィ＞はとうもろこしのこと。

調理上のポイント

① コーンをスープに入れたら，鍋底に焦げ付かないように，直ぐにかき混ぜる。

② 火を弱めてから溶き卵を流し入れる。

豆腐丸子湯

IX 湯菜 157

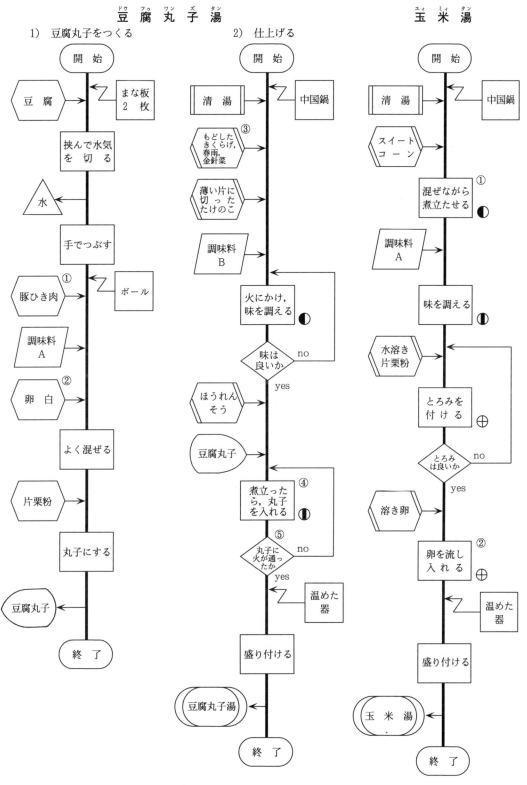

G 三絲魚翅 （サン ス ユィ チィ）

（三種絲切りふかひれスープ）

材料	魚翅（もどしたもの）	70 g
	豚肉	70 g
A	酒	10ml（大S2/3）
	しょうゆ	10ml（大S2/3）
	しょうが汁	3 ml（小S3/5）
	片栗粉	4 g（小1・1/3）
	油	5 ml（小S1）
	ねぎ（みじん切り）	
	しょうが（ 〃 ）	合わせて15g
	にんにく（ 〃 ）	
	しいたけ	2枚
	たけのこ（缶）	50 g
	スープ（清湯）	600ml（3 cup）
B	酒	10ml（大S2/3）
	塩	2 g（小S2/5）
	しょうゆ	20ml（大S1・1/3）
	水溶き片栗粉	少々

　三絲＜サン ス＞は3種類の具を絲＜ス＞（細切り，せん切り）にしたことを表す。魚翅＜ユィ チィ＞を料理に使うのは中国料理だけで，燕窩＜イェン ウォ＞（つばめの巣）に次いで，貴重な材料とされている。魚翅自身には味がなく，他の上等な材料を用いたスープを煮含めて供する。

調理上のポイント

① 魚翅（ふかやさめの皮をむいて冷凍にしたもの）を器に入れ，ねぎ，しょうがを加えてたっぷりの酒を入れ，1～2時間煮た後水気を切っておく。

② 豚肉は絲に切り，調味料Aで味付けをした後，片栗粉をまぶしておく。

③ しいたけは水でもどして，たけのこと共に絲に切る。

H 三鮮湯 （サン シェン タン）（三種せん切り入りスープ）

材料	キャベツ	300 g
	ハム	3枚
	干ししいたけ	4枚
	たけのこ（缶）	50 g
	鶏ささ身肉	80 g
	しょうが汁	5 ml（小S1）
	酒	5 ml（小S1）
	片栗粉	2 g（小S2/3）
	スープ	800ml（4 cup）
	酒	15ml（大S1）
	塩	8 g（小S1・3/5）
	ラード	適量

　三鮮＜サン シェン＞は三種類の良い材料という意味で料理名には1つ1つの材料名を挙げず，数で示している。ただ，三鮮というからには粗末な素材ではなく，上等で良い取り合わせのものがふさわしく，えびとなまこ，あわびなどの取り合わせがある。

調理上のポイント

① ハム，干ししいたけ（戻したもの），たけのこはせん切りにしておく。

② 鶏ささ身肉は薄くそぎ切りにし，更にせん切りにして，しょうが汁と酒をかけ，片栗粉をまぶしておく。

③ キャベツは芯を取り，軽くゆでてせん切りにし，水を絞る。

IX 湯菜 159

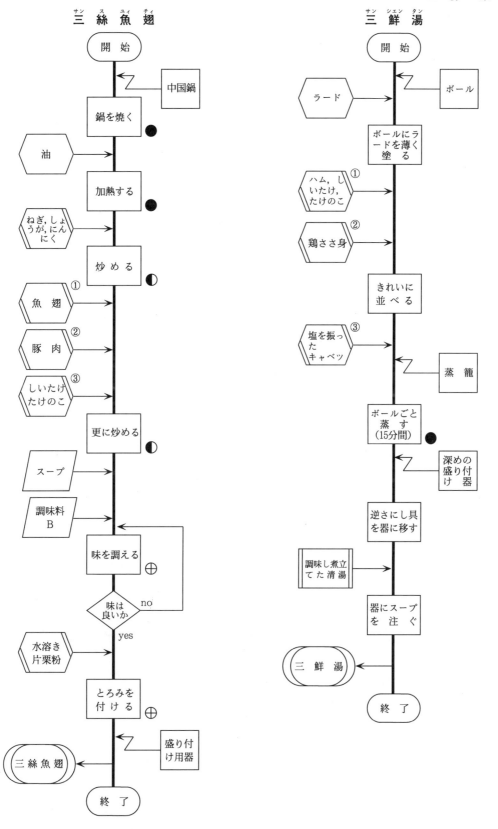

I 清湯燕窩（つばめの巣のスープ）
（チン タン イエン ウオ）

材料	つばめの巣	6個
	清湯	400ml（2cup）
	┌清湯	800ml（4cup）
	└塩	7.5g（小S1・1/2）
	さやえんどう	3枚
	薄切りハム	2枚

つばめの巣は金絲燕＜ジン ス イェン＞と総称され，非常に貴重で最高級品とされている。料理も清湯＜チン タン＞に浮かせるなどシンプルに作られる。

調理上のポイント

① 燕の巣は温湯に漬けて3時間くらいおくと膨張してくる。その後，巣に混ざっている羽をピンセットで取り除き（水中で取り扱う方がやりやすい），水を切ってもう一度熱い湯を通してふきんの上にあげて水気を切る。

② さやえんどうは，軽くゆでてせん切りにし，ハムも同様に切る（できるだけ細く切る）。

③ 清湯であるから上品な澄んだ汁に仕上げる。湯に脂が浮いている時は，紙で吸い取る。

J 蕃茄蛋花湯
（ファン チェ ダン ホワ タン）

（溶き卵とトマトのスープ）

材料	玉ねぎ（1個）	240g
	完熟トマト（2個）	400g
	卵（2個）	100g
	スープ	800ml（4cup）
	塩	7.5g（小S1・1/2）
	しょうゆ	15ml（大S1）
	油	15ml（大S1）

蕃茄＜ファン チェ＞はトマト，蛋花湯＜ダン ホワ タン＞は溶き卵のスープを表す。形が柿に似ていることから，蕃茄柿＜ファン チェ シイ＞ということもある。

調理上のポイント

① トマトは皮をむき輪切りにして種を出し，さいの目に切っておく。

IX 湯 菜 161

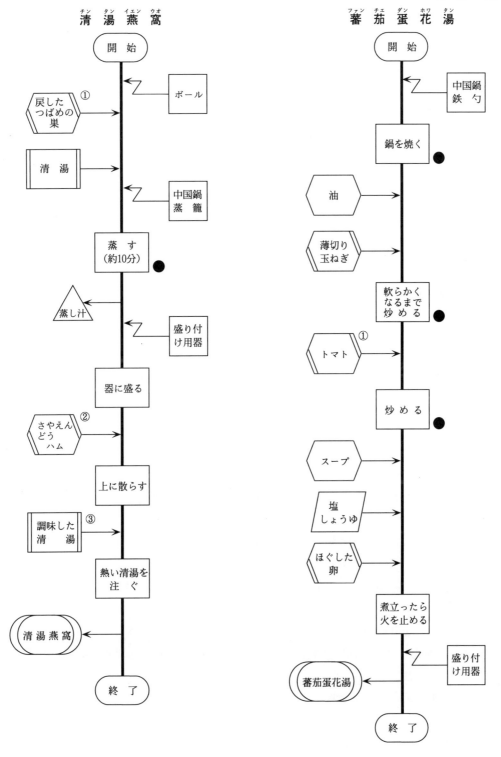

X 点 心, 甜 菜

1. 点心<ディエン シン>の基礎理論

1・1 点心とは

日常の間食，軽食をすべて点心と称する。一品が単独で軽い食事代わりになるもので，食間の小食品とされてきた。卓料理の中におけるいわゆる点心が組み込まれるようになったのは，かつて豪華な宴席で，数度にわたって席を改めて多くの料理が出されたが，その際，次席が整うまでのつなぎとして，別室でお茶と共に供された。その習慣が現在の卓料理における後半の料理と料理合い間，または締めくくりの料理として供されている。

1・2 点心の分類 (p.163参照)

鹹点心<シエン ディエン シン>：塩味のもの，麺類，飯・粥類，餃子・焼売・包子・飩・春巻などの粉製品，穀類製品で種類が多い。

甜点心<ティエン ディエン シン>：甘味のもの，豆沙包子，抜絲山薬，八宝菜，杏仁豆腐など，月餅，元宵などの菓子類，甜梅湯のような甘酸っぱいスープなども含まれる。

1・3 甜菜<ティエン ツァイ>とは

甜菜とは，卓料理の締めくくりとして供される点心のうち，甘味料理のことである。油っこい料理が続いて供された後に用意される。さっぱりとした甘味料理は，デザートとしての意味を持つ。

氷糖<ピン タン>：氷砂糖やシロップを使った菓子類

氷凍<ピン ドン>：ゼラチン質などを用いた寄せ物のデザート

甜羹<ティエン ゴン>：果実や穀類を使って作る，とろみの付いた甘いおしるこ状のデザート

甜泥<ティエン デイ>：果実・穀類などを炒めてあん風に仕上げたもの

甜糕<ティエン ガオ>：蒸し菓子，型に入れて蒸したもの

抜絲<バァ ス>：揚げた材料に，砂糖を水あめ状になるまで煮詰めて，からめる手法。あめが糸を引く状態になる。

粘糖<ニャン タン>：抜絲と同様の操作であるが，油を使用しないので砂糖衣のように仕上げる手法

1・4 小吃<シャオ チ>と飲茶<ヤム チャ>

小吃とは，炒飯，丼飯，粥類，麺類など路地の店先や屋台で売られている簡単な料理，手軽に食べられる料理，家庭料理のことである。いずれも少量で，通常の1人分の料理を小分けにしたもので，食事と食事の合い間や空腹時に食される簡便な食事である。

飲茶は，本来はお茶を飲むことであるが，広東地方では飲茶と称して料理店で点心とお茶を提供する習慣がある。

X 点 心 163

点心の分類

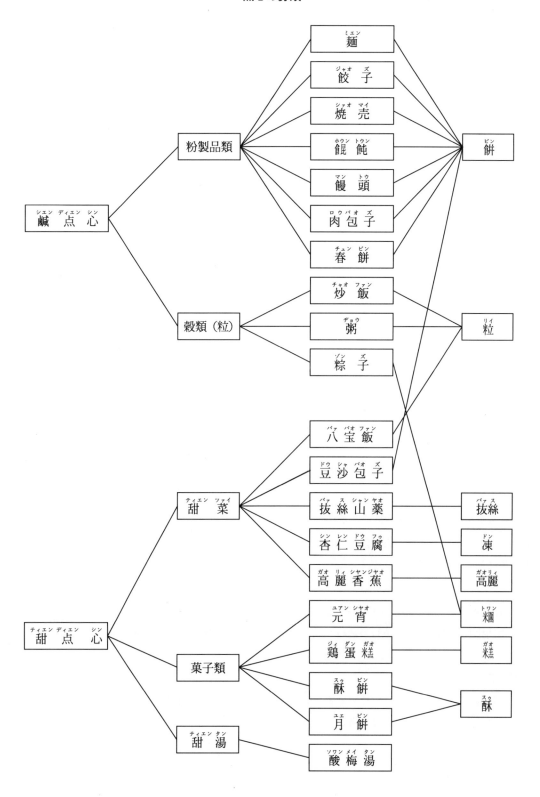

2．点心・甜菜の実習

A 涼拌麺（冷やし中華そば）
リャン バン ミエン

材料		
生麺	4玉	
ごま油	30ml（大S2）	
┌鶏もも肉	150g	
└塩	少々	
ハム	100g	
┌卵（2個）	100g	
│┌砂糖	6g（小S2）	
│└塩	2g（小S2/5）	
└油	少々	
きゅうり	150g	
もやし	100g	
塩	5g（小S1）	
切りごま（白）	20g	
（かけ汁）		
┌ごま油	30〜45ml（大S2〜3）	
│しょうゆ	60〜90ml（大S4〜6）	
│酢	60〜90ml（大S4〜6）	
┤砂糖	12〜24g（大S1・1/2〜3）	
│塩	5〜7.5g（小S1〜1・1/2）	
│スープ（ゆで汁）	200〜300ml（大1〜1・1/2）	
└ねりがらし	8〜15g（小S1〜2）	

涼＜リャン＞は冷たいことを表し，調理法というより拌＜バン＞（あえる），凍＜ドン＞（冷やし固める）などの調理，およびその料理を形容した語である。

調理上のポイント

① 代替え材料として牛肉や豚肉の油の少ないところを使う。

② ゆで汁はスープとして使う。

③ 麺はたっぷりの湯でゆでる。

④ もやしの根を丁寧に取ると盛り付けが美しくなる。もやしは沸騰させた湯に塩を入れ，さっとゆでる。

⑤ かけ汁の調味料はあらかじめ合わせておくが，供する直前にかけ汁をかける。

参 考

これは麺をゆでた後冷水に取り冷ます。酢，しょうゆ，ごま油などを合わせ加えて食べる。冷やしうどんで，晩春から初秋にかけて賞味される。

涼拌麺

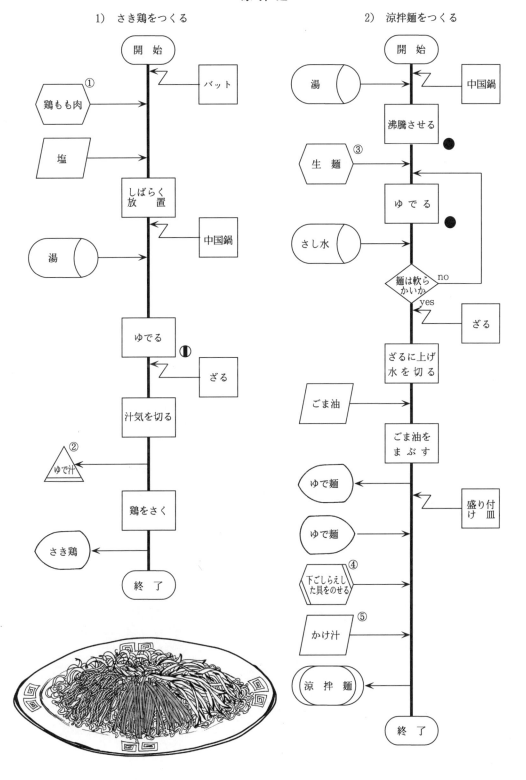

B 担担麺（四川風屋台そば）

担＜ダン＞はになう，荷を担ぐことで，道具を担いで売る屋台そばの意味である。四川の担担麺は，紅油＜ホン イウ＞（らー油）を多量に用い，赤くピリッと辛味の強い汁が特徴である。

調理上のポイント

① 麺はたっぷりの湯を煮立ててほぐしながら入れ，沸騰したら一度さし水をして，ゆで上げる。丁寧な場合は，ゆで直後の麺を一度水にさらしてぬめりを取り，再度湯で温めるとよい。

中華麺

中華麺は，小麦粉をこねる時，塩のほかに碱という天然ソーダを水に溶かしたもの（炭酸カリウムと炭酸ナトリウムの混合液，梘水）を用いる。アルカリ性の梘水は小麦粉のグルテンとでん粉に作用し，出来上がった製品に弾力性と滑らかな舌触りを与える。また，梘水が多いと混ざり方が一様とならないため，麺線にちぢれが生じ，中華麺特有の食感となる。更に，小麦粉中のフラボノイド色素がアルカリで呈色するので，麺は黄色味を帯びている。

X 点 心　167

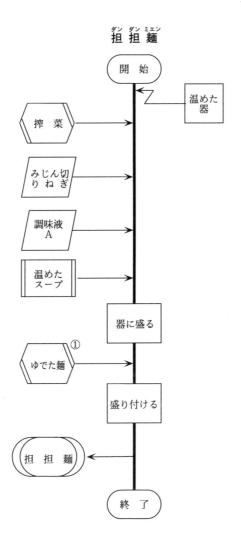

作り方による麺の種類

切麺＜チェ ミエン＞（麺棒で生地を伸ばし，細く切った麺）。

帯麺＜タイ ミエン＞（ひもかわうどんのように幅広く切った麺）。

拉麺＜ラア ミエン＞（道具を使用しないで，両手で引っ張って伸ばすことを繰り返して作る麺）。拉は引き伸ばすという意味。

伊府麺＜イ フウ ミエン＞（卵を多く用いた麺）。伊という人物の家（府）で作り出されたので，この名が付けられた。

刀削麺＜ダオ シヤオ ミエン＞（小麦粉をこねて太い棒状にした生地を左手に持ち，右手に持った三日月型の刃物で，鍋の熱湯の中に削り落として，ゆで上げた麺）。

C 什錦炒飯（五目チャーハン）
シィ ジン チャオファン

材料	米	480 g
	ねぎ	40 g
	豚肉（塊）	100 g
	｛しょうゆ	15ml（大S1）
	｛酒	15ml（大S1）
	芝えび	50 g
	干ししいたけ	（3枚）
	卵（2個）	100 g
	塩	2 g（小S2/5）
	ラード	90 g（約1/2cup）
	しょうゆ	7.5ml（大S1/2）
	塩	7.5 g（大S1/2）
	こしょう	少々
	グリンピース	少々

調理上のポイント

① 卵はほぐして塩味を付ける。
② しいたけはもどして0.5cm角に切る。
③ 豚肉は1cmのさいの目に切り，しょうゆ，酒を振り掛けて30分おいて下味を付ける。
④ えびは殻と背わたを取り，塩水で洗い水気を切る。
⑤ ねぎは大きめのみじん切りにする。
⑥ 飯は米と同量の水で硬めに炊き，冷ました方が上手にできる。
⑦ 炒め油は植物油よりラードの方が上手にできる。

参 考

・炒飯は，主材料がグリンピース（青豆炒飯＜チン ドウ チャオ ファン＞），枝豆（毛豆炒飯＜マオ ドウ チャオ ファン＞），かに（蟹粉炒飯＜シエ フェン チャオ ファン＞），あわび（鮑粉炒飯＜バオ フェン チャオ ファン＞）など素材によって多くの料理がある。

・魚菘炒飯＜ュィ スン チャオ ファン＞（魚の炒飯）
・肉丁炒飯＜ロウ ディン チャオ ファン＞（豚肉の炒飯）
・木犀炒飯＜ムゥ シィ チャオ ファン＞（卵の炒飯）
・松菌炒飯＜スン ジュン チャオ ファン＞（松茸の炒飯）

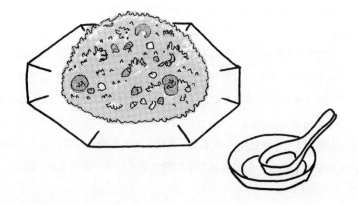

什錦炒飯

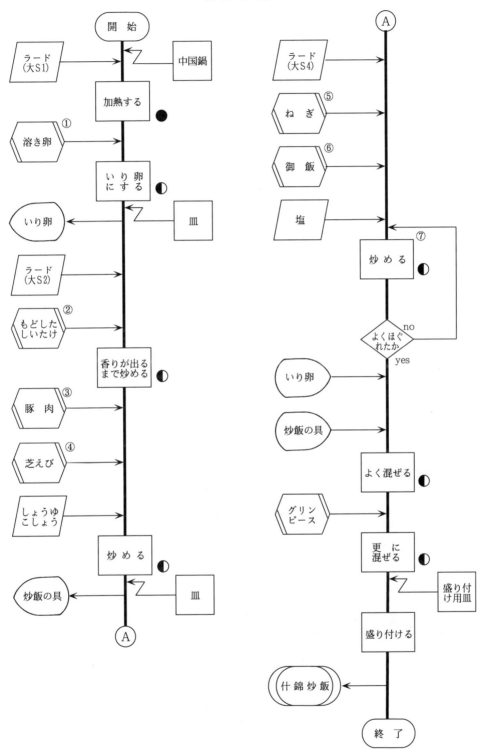

D 魚生粥 <ユィ ション ヂョウ> (魚肉の具入りかゆ)

材料	米	170 g (1 cup)
	干し貝柱	1 個
	白身魚	150 g
	ねぎ	20 g
	しょうが	15 g
	しゅうゆ	適量
	ごま油	適量

調理上のポイント

① かゆを炊く時には，おねばをこぼさないために，十分に深い鍋に入れ，ふたをしないで弱火で炊く。水加減は多めにする。焦がさないために，途中で新しい鍋に入れ替えてもよい。

② 温めたどんぶりに熱いかゆを入れ，魚，ねぎ，しょうが，ごま油，しょうゆを落として，魚にやや熱が通ったところを供する。かゆは冷めると味が半減し，魚にも熱が通らないので，やむを得ない場合は電子レンジなどで温め直す。

参考

- 白かゆがすべてのかゆ料理の元になるもので，湯の中に米粒の見えないようなものは，かゆではなく，また，湯の見えない御飯粒ばかりのようなかゆも，適当ではないと言われる。
- また具の違いにより様々なかゆがある。
  1) 鶏粥＜ジィ ヂョウ＞（鶏肉入りかゆ）
  2) 肉肝粥＜ロウ ガン ヂョウ＞（豚の肝臓入りかゆ）
  3) 什錦粥＜シィ ジン ヂョウ＞（五目かゆ）
  4) 玉米粥＜ユィ ミィ ヂョウ＞（とうもろこし入りかゆ）
  5) 蝦肉粥＜シャ ロウ ヂョウ＞（えびと豚肉を入れたかゆ）
  6) 三鮮粥＜サン シエン ヂョウ＞（三種の生の材料を入れたかゆ）

魚生粥

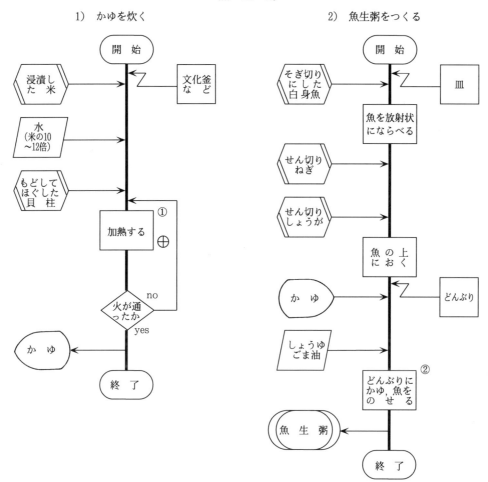

E 粽子（ちまき）

材料	（20個分）	
	もち米	340 g（2 cup）
	豚ばら肉	200 g
	干ししいたけ	（大2枚）
	ねぎ	80 g
	たけのこ	50 g
A	スープ	300ml（1・1/2cup）
	塩	8 g（小S1・3/5）
	砂糖	6 g（小S2）
	しょうゆ	15ml（大S1）
	酒	5 ml（小S1）
	ラード	52 g（大S4）
	竹の皮	20枚

調理上のポイント

① もち米は一晩水に浸漬し，ざるに上げ水を切る。

② 汁気がなくなるまで煮るような気持ちで，焦がさないように，また米粒を砕かないように底から混ぜ炒める。米の炒め具合は，鉄勺で押さえた時に，形が崩れない程度でよい。

③ もち米は蒸されて膨張するため，緩めに詰める。

④ 炒め具合により蒸し時間が違うが，通常は130〜140分で蒸し上がる。

包み方

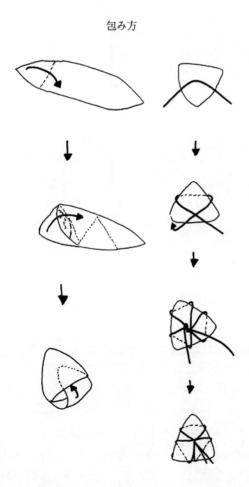

参 考

・竹の皮がない時は，アルミ箔を15cm角に切り，図のようにしてもよい。密閉できるので，冷めた後も湯の中で温めることができる。

・五月の節句など，祝いの時にはもち米を赤く染めて用いることもある。

粽子(ゾンズ)

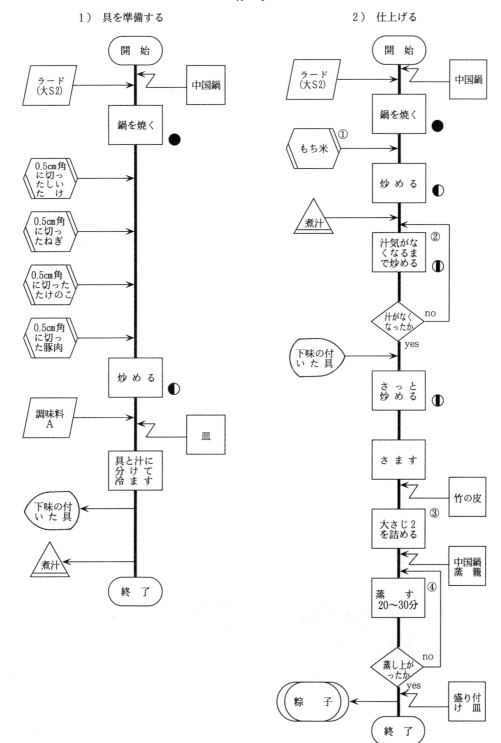

F 鍋貼餃子(グオ ティエ ジャオ ズ)(餃子)

材料 (16個分)
(皮)
- 小麦粉(強力粉)　100g (1cup)
- 熱湯　　　　　　50ml (1/4cup)
- ラード　　　　　13g (大S1)
- とり粉(薄力粉)　少々

(具)
A
- 豚ひき肉　100g
- 白菜　　　150g
- 干ししいたけ (1.5枚)
- ねぎ　　　40g
- しょうが　15g
- にんにく　10g

B
- しょうゆ　22.5ml (大S1・1/2)
- 酒　　　　7.5ml (大S1/2)
- ごま油　　7.5ml (大S1/2)

油　　　　　　15ml (大S1)

(添え汁)
- しょうゆ　適量
- 酢　　　　適量
- 辣油　　　適量

鍋貼＜グオ ティエ＞は焼餃子を表し、日本では最も普及しているが、中国本土では蒸餃＜ヂョン ジャオ＞(蒸し餃子)が一般的である。ほかに水餃＜ショエイ ジャオ＞というゆで餃子もある。

調理上のポイント

① 皮を作る時は、耳たぶぐらいの硬さになるように湯を加えてこね、ぬれぶきんに包んでねかせる。後で湯を加えられないので、硬さには注意する。

② 皮を丸くのばす時は、まず棒状にのばして包丁で個数に輪切りにすると容易である。円柱状の生地をのばす時には、中心は厚く縁は薄くのばすと、具を入れて包む時に皮が破れにくい。

③ 具を乗せた皮を2つに折る場合は、手前の皮をやや少なくし、向こう側の皮に右手の人差し指と中指で、ひだを作りながら手前の皮を押し付け、指で挟んで接着させる(図参照)。餃子の出来上がりは、5～6枚のひだをとると丁度よい丸みになる。ひだになった部分を押さえて、口が開かないようにし、皿に移す。

参 考

・水餃子は餃子をたっぷりの熱湯中で2～3回さし水をしながらゆで、鉢に熱湯を入れ、この中に浮かして熱いうちに供する。

・蒸餃子は蒸籠に油を引き、餃子を並べて蒸気の上がった鍋にかけ、強火で蒸す。

鍋貼餃子

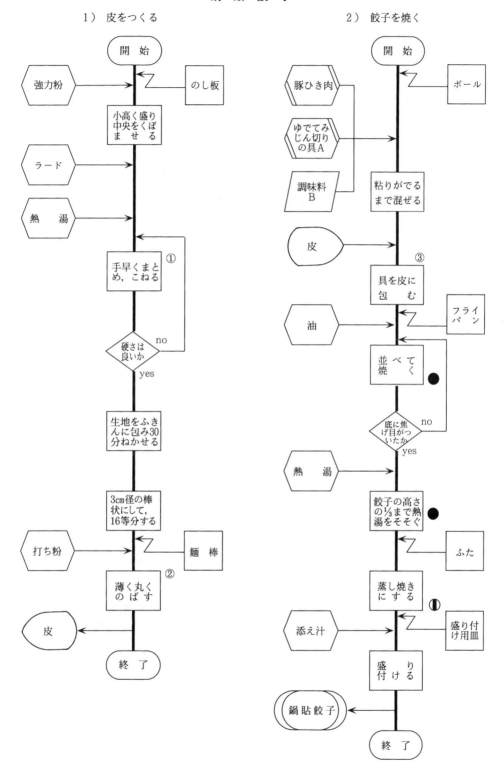

G 抜絲山薬〈バァス シャンヤオ〉（揚げ山芋のあめからませ）

材料	長芋	400 g
	揚げ油	1000ml（5 cup）
	砂糖	120 g（1 cup）
	水	45ml（大S 3）
	白ごま	少々

　抜絲〈バァス〉は揚げた材料に，あめをからませることを言う。材料を油で揚げ，熱いうちに砂糖を煮溶かして，糸を引くほどに煮詰めた熱いあめを，からませる調理法を示す。山薬〈シャン　ヤオ〉は山芋を表している。

調理上のポイント

① 芋は生のままでもよい。

② 鍋に油を入れて火にかけ，80℃くらいになったら長芋を入れて中火でゆっくりと揚げる。芋に火が通ったら，やや強火にして温度を上げ，少し焦げ目が付いたら取り出し油を切る。

③ 揚げ芋とあめの温度が大きく開かないうちに混ぜる。混ぜる時は消火し，かき混ぜすぎると糖衣になるので注意する。

④ 供する時は冷水に漬け，あめを固めて歯切れをよくする。

参　考

　長芋だけではなく他のでん粉質の野菜や果物にも応用できる。

抜絲白薯〈バァス バイ シュ〉（白さつまいもは生を使い長芋と同じように作る）。

抜絲紅薯〈バァス ホン シュ〉（紅さつまいもを用いた場合。調理法は同じ）。

抜絲白菓〈バァス バイ グオ〉（ぎんなんを一度油通しして甘皮を取り，あめにからませる）。

抜絲栗子〈バァス リィ ズ〉（栗を薄味に含め煮にして揚げ，あめにからませる）。

抜絲香蕉〈バァス シャン チャオ〉（バナナを食べやすい大きさに切り，卵白を倍の水に薄めた衣を付け，上新粉を付けてやや高温の油でさっと揚げたものを，あめにからませる。

抜絲苹果〈バァス ピン グオ〉（りんごを6つ割りにし，上新粉を付けて油で揚げたものをあめにからませる）。

X 点 心 177

抜絲山薬(バァスシャンヤオ)

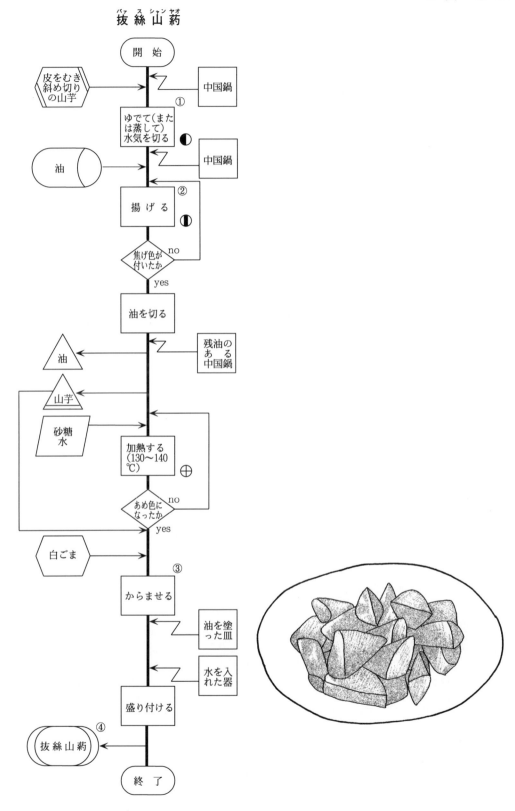

H 乳奶豆腐（牛乳かん）

材料	牛乳	200ml（1cup）
	水	200ml（1cup）
	粉寒天	3 g（小S1）
	砂糖	24 g（大S3）
	アーモンドエッセンス	少々
	（シロップ）	
	砂糖	24 g（大S3）
	水	200ml（1cup）
	パイナップル（缶）輪切り	1枚
	みかん（缶）	1/3缶

乳奶豆腐は，乳奶豆腐の比重とシロップの比重の差で，シロップに乳奶豆腐が浮く。

調理上のポイント

① 水に浸けて30分間吸水膨潤させる。

② シロップは分量の水に砂糖を加えて溶かす。食紅で薄く色を付けてもよい。

参 考

・市販のアーモンドエッセンスか，杏仁霜＜シン レン ショワン＞を用いるとよい。市販の杏仁霜を用いる時には，杏仁霜40 g を水150mlに溶かして使用する。

乳奶豆腐（ルゥナイドウフゥ）

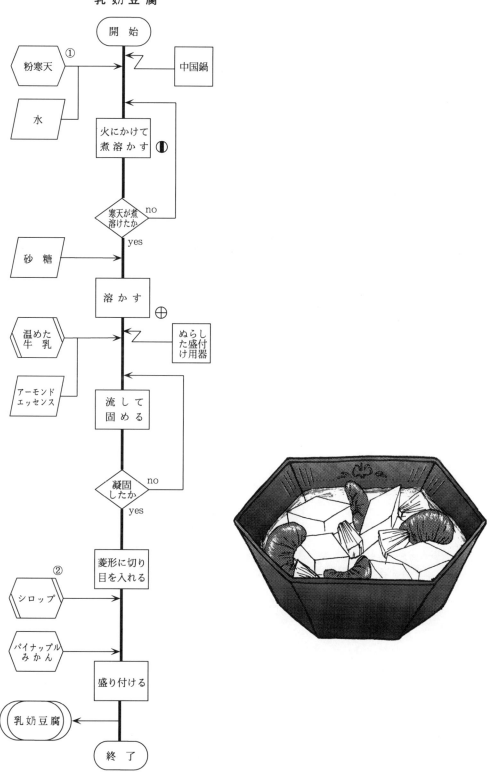

Ⅰ 開口笑 _{カイ コウ シヤオ}（白玉団子のごま揚げ）

材料	（12個）	
	白玉粉	100 g （4/5cup）
	水	75〜80ml （大S5〜5・1/3）
	卵黄	10 g
	白ごま	25 g （大S3・4/5）
	揚げ油	1000ml （5cup）
	砂糖	32 g （大S4）

はじけた形の菓子で，大口を開いて笑っている，というユーモラスな表現の点心である。

調理上のポイント

① 白玉粉と小麦粉，または上新粉を混ぜる場合もある。

② 揚げる前の玉を冷蔵庫に入れておくと，2〜3日もつ。

③ 弱火で気長に揚げると，黄金色に揚がりごまも落ちない。また，揚げている時に油が跳ねることがあるので注意する。

参 考

・芝麻元宵＜ヂィ マァ ユアン シャオ＞：白玉粉を水で溶き，玉にしてあんを入れて丸め，外にごま（白または黒）を付ける。

・蜜汁元宵＜ミィ ヂィ ユアン シャオ＞：団子をやや小粒にし，中にあんを入れ，またはあん無しでゆでる。別に甘いシロップを作り，その中に入れて供する。

開口笑（カイコウシャオ）

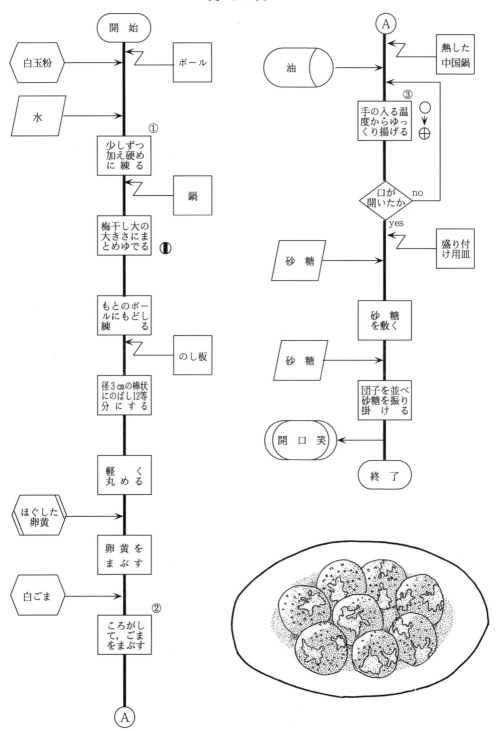

J 春巻(はるまき)

材料		
春巻の皮	8枚	
かに(缶)	40 g	
鶏肉	150 g	
酒	5 ml	(小S1)
片栗粉	3 g	(小S1)
たけのこ(缶)	150 g	
干ししいたけ	2枚	
ねぎ	20 g	
しょうが	20 g	
スープ	50ml	(1/4cup)
塩	5 g	(小S1)
しょうゆ	5 ml	(小S1)
酒	5 ml	(小S1)
油	45ml	(大S3)
水溶き片栗粉	15ml	(大S1)
揚げ油	600ml	(3cup)

小麦粉で作る食品の分類の中の油炸＜イゥ ヂァ＞の1種である。

調理上のポイント

① 鶏肉はせん切りにし，酒を振り掛けて片栗粉をまぶし，かには軟骨を取ってほぐしておく。

参 考

名前の由来は春先にとれる椿芽を入れたので，春を巻くの意味から名付けられた。

春巻(チュンジュアン)

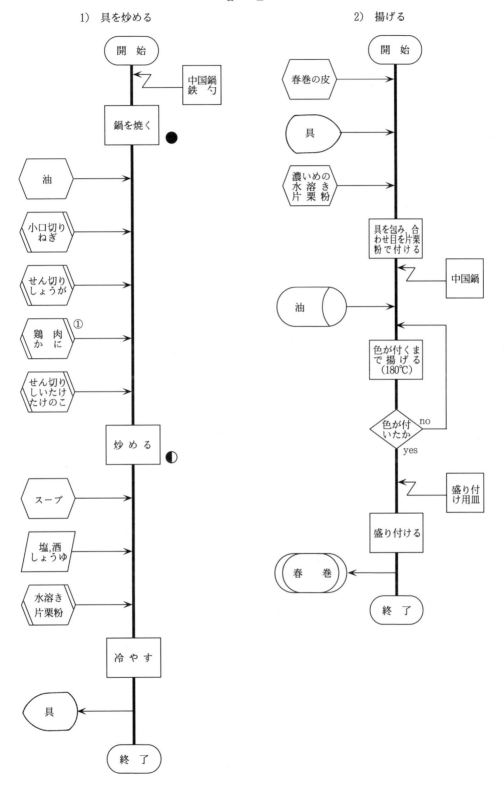

K 八宝飯 (バァ バオ ファン) (もち米の飾り蒸し菓子)

材料	（直径16cmのもの1個分）	
	もち米	340g （2cup）
	水	400ml （2cup）
	ラード	13g （大S1）
	砂糖	24g （大S3）
	あずきあん	300g
	ラード	26g （大S2）
	砂糖	適量
くずあん		
	水	200ml （1cup）
	砂糖	16g （大S2）
	水溶き片栗粉	15ml （大S1）
（砂糖漬けの果物）		
	蓮子 (リェンズ) （蓮の実）	3個
	紅棗 (ホンザオ) （なつめ）	3個
	青梅 (チンメイス)	2個
	青絲 (チンス)	少々
	紅絲 (ホンス)	少々
	荔枝 (リィデイ) （龍眼肉 ロンイェンロウ）	5個
	陳皮 (チェンピイ) （オレンジピール）	1/2枚
	葡萄乾 (ブゥタオガン) （干しぶどう）	15g

調理上のポイント

① 水気をよく切る。

② ボールは大き過ぎると皿にあける時，材料が崩れやすいので，材料が丁度入る大きさの器を用いること。

③ あずきあんにラードを好みの量を加えて火にかけ，よく練り上げる。

④ 分量の砂糖に水を加えて煮立て，水溶き片栗粉でとろみを付ける。

参 考

・お祝いの時に喜ばれるデザート。

・中国の砂糖漬け果物が入手できない時は，干しぶどう，チェリー，アンゼリカ，オレンジピール，なつめを用いてもよい。

・青絲，紅絲は，だいこん，かぶなどの白い野菜をせん切りにし，青と赤で着色したもので飾り付けに用いる。

八宝飯(バァバオファン)

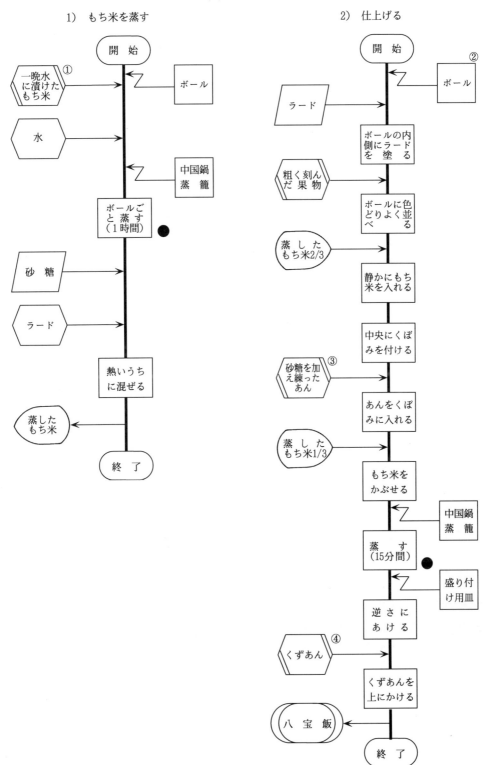

L 鶏 蛋 糕（蒸しカステラ）
ジィ ダン ガオ

材料	卵（3個）	75 g
	砂糖	120 g （約1 cup）
	薄力粉	110 g （1・1/10cup）
	豚の背脂	13 g （大S1）
	干しぶどう	36 g
	赤青の糸	
	┌白色の野菜	少々
	┤食紅	
	└食青	
	ケーキ型（径18cm）	

　麺団（ミエン トワン＞（粉をこねた生地）の中の蛋泡麺団＜ダン バオ ミエン トワン＞の一種である。これは，卵を泡立てることによって多数の気泡を作り，そこに小麦粉を加えて緩めに混ぜ，加熱で膨化させる生地を表す。材料を料理名に用いている。

調理のポイント

① 豚の背脂は細かく切り，砂糖をまぶしておく。

② ケーキ型に油を塗り，底に紙を敷いておく。

③ 白色の野菜は，だいこん，かぶ，じゃがいもなどでよいが，細かいせん切りにして2つに分け，一方は赤色，一方は青色に染め，酢で色止めする。

④ 赤青の糸は取り除いて盛り付けてもよい。

参　考

・小麦粉の代わりに上新粉を用いることもある。

・糕＜ガオ＞は穀類，栗，いもなどの粉を練ってまとめて蒸したものを指す。

M 花 巻（花形の蒸しパン）
ホワ ジュアン

材料	┌薄力粉	300 g （3 cup）
	│砂糖	90 g （3/4cup）
	┤塩	3.8 g （小S3/4）
	│BP	6 g （小S1・2/3）
	└水	150ml （3/4cup）
	ごま油	少々

　饅頭＜マン トウ＞類の一種で，花形に巻いてふかした饅頭である。饅頭は中国の伝統食品であり，小麦粉で作る食品の数は極めて多い。

調理上のポイント

① 小麦粉，塩，ベーキングパウダー，砂糖は合わせて振るっておく。

② 油を塗った面を内側にし，渦巻き状に巻き，4 cmの小口切りにする。その1つ1つに深く切れ目を入れる。

X 点 心 187

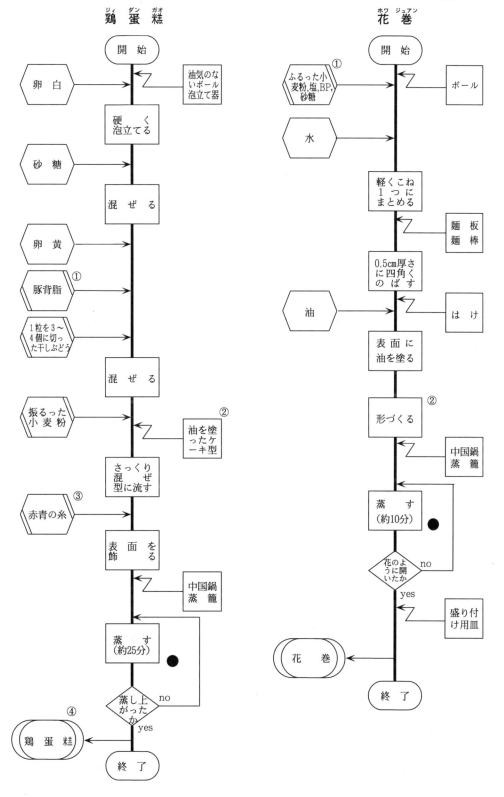

N　春餅（中華風クレープ）
チュンビン

材料 (1)　（皮12枚分）

強力粉	105 g （1 cup）
薄力粉	100 g （1 cup）
塩	1.7 g （小 S 1/3）
熱湯	140ml （約2/3cup）
油・ごま油	少々

(2)　干炸鶏腿（鶏もも肉の揚げ物）
ガンヂャアヂイトエイ

鶏もも肉	200 g	
A	酒	15ml （大 S 1）
	しょうゆ	15ml （大 S 1）
	刻みねぎ	30 g
	刻みしょうが	20 g
	八角	1つ
	卵白（1/2個分）	15 g
	片栗粉	8 g （大 S 1）

(3)　炒肉絲韮菜（豚肉とにらの炒め物）
チャオロウスヂォウツァイ

豚肉の薄切り	100 g
油	15ml （大 S 1）
酒	7.5ml （大 S 1/2）
しょうゆ	15ml （大 S 1）
にら	40 g
春雨	80 g
塩	少々

(4)　炒豆芽（炒めもやし）
チャオドウヤ

もやし	150 g
ねぎ	30 g
しょうが	30 g
油	15ml （大 S 1）
塩	2 g （小 S 1/3）
砂糖	4 g （大 S 1/2）

(5)　炒鶏蛋（炒め卵）
チャオヂィダン

卵（2個）	100 g
ハム	（2枚）
塩	1.7 g （小 S 1/3）
油	30ml （大 S 2）
刻みねぎ	少々
刻みしょうが	少々

　春の季節感のある料理の代表でもある。小麦粉で作った薄皮状の円形の餅＜ビン＞が烤鴨＜カオヤ＞（北京ダック）にも，ねぎやみそと共に添えられている。これは立春の食べ物としての伝統があり，何皿かの料理と共に出し，各自この餅に好みの料理を包んで食べる。この時期に採れた早春のにらやのびるを包んで食べるからとも，筒形に巻いた春餅の形がヘビのようで，冬眠から覚めたヘビが春を表すことから，この名があるとも言われている。

春餅(シュンビン)

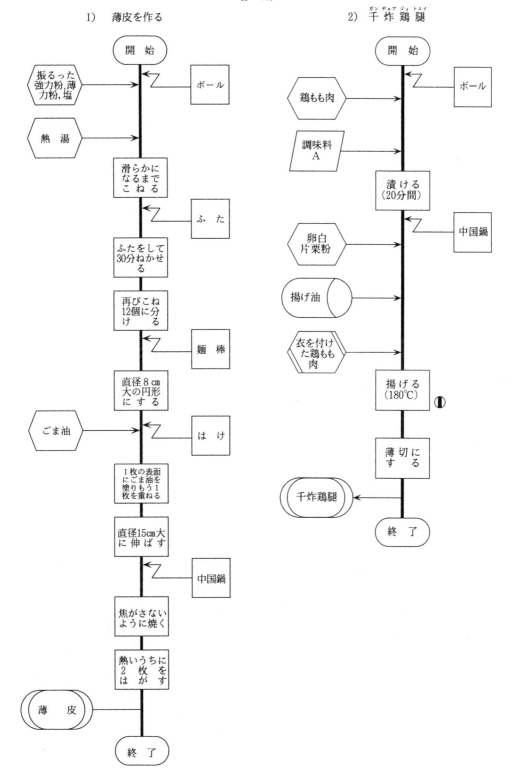

春餅(チュンビン)

3) 炒肉絲韮菜(チャオロウスジョウツァイ)

4) 炒豆芽(チャオドウヤ)

5) 炒鶏蛋(チャオジィダン)

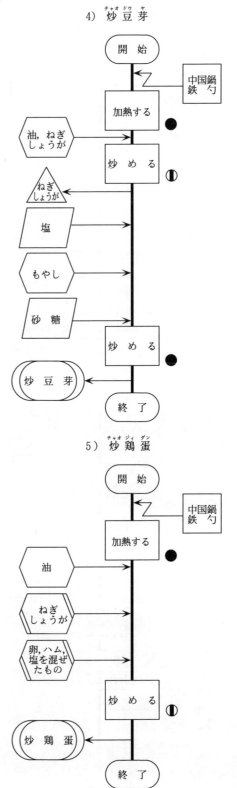

XI　薬膳料理

　近年，健康に対する社会的な関心が高まり，日本国内では「薬膳料理」が健康的であるとの理由から静かなブームとなっている。しかし，薬膳料理の食に対する考え方（哲学）は，古くから存在しているものの，この用語自体は中国本土でも比較的新しい造語であり，この意味の解釈は一様でなく，食品の選択方法や調理法が困難を極める場合が多い。薬膳は日本料理でいう膳（供食形式）とは異なり，食事を通して体調を整えて行く食療法を指す。また，必ずしも薬物を必要とするわけではない。そこには，西洋栄養学の中心となるカロリーや栄養素といった概念はなく，生薬や食物の特性を組み合わせて，各個人の体質に合った相性の良い料理を作り食することにある。この章では，中国料理の中の薬膳の基本的な考え方，人体の証と食物の性質，作用，選択方法や調理法について扱う。

1．薬膳とは（意味）

　「薬膳」とは，中国の長い歴史文化の中で，試行錯誤を繰り返しながら体系付けられてきた食の分野の一つで，伝統的な学問である「中医学」の理論の基で，薬として利用されている動植物鉱物や薬効性の高い食物を組み合わせて調理・加工した伝統的な栄養食（食物療法＝食養とも言う）である。薬膳料理の目的は，人々の健康維持・増進を得るため（病気の予防を含む）の料理作りと，病気・疾病を治療するための料理作りに分かれるが，ここでは前者について取り扱う。

2．薬膳の歴史

　薬膳（食療法）としての考え方は，文献上では紀元前にもう登場している。前漢時代（B.C. 206～A.D. 8）の最古の医学書「黄帝内経」では，「素問」（基礎医学的な生理・病理について日常の養生に重点を置き，特に人と自然との調和，食事との関わりについて説かれている），「霊枢」（中医学独特の経絡的な考え方と物理療法である鍼灸・按摩（マッサージ）などに重点が置かれている）の二部からなっている。後漢時代（A.D. 25～220）には最古の薬（食）物書である「神農本草経」が登場する。伝説上の王「神農」が人体への効果を確かめるために，日々あらゆる草を食べたとされる。そして365種類に及ぶ薬物・食物について，上・中・下に分けて分類している。この中の上薬には今日我々が食物として扱っている野菜や穀類も含まれ「医食同源」，「薬食一如」の考えはもうこの時代にはあったと思われる。唐時代（618～907）には「千金要方」，「食療本草」など食物と病気（健康）との関わりについて，元時代（1271～1368）には「飲膳正要」が執筆され，病気に対する治療食について，薬物・食物と人体の関わりについて詳細な記述がある。明・清時代（1368～1912）には有名な「本草網目」，「随園食単」が執筆されており，人体と薬食物単に効能だけでなく，調理法などについても詳しく述べられている。これらの書が大きな影響を及ぼし今日の中国における「中医学」の基礎となり，食療法の源ともなっている。

3．薬膳の理論

　日常生活で健康を保つための食事をする場合，献立作成し料理を作る際に重要視するのが，食品群からの食品の選択と総カロリーであろう。五大栄養素を過不足なく，年齢に合ったカロリーを摂取することが望ましいとされている。しかし，薬膳料理ではこの考え方は用いていない。人間が健康を守るために，各個人の体調の良否を判定し，それに見合った食物の選択・調理法を考える。この時，季節感（旬）も重要視している。体が汗などで熱している状態，寒くて冷えている状態を食物を摂取することによって，丁度良い中間の状態にする（すなわち，心身のバランスを保つ）のが薬膳献立の考え方である。この背景にあるのが，中医学の核をなす「陰陽五行学説」である。これはもともと別にあった「陰陽学説」と「五行学説」が合体したものである。

　陰陽学説とは，宇宙のあらゆる存在（事物）はすべて陰陽の二元に分類され，万物の存在や現象は，すべて陰陽の変化によって生ずるとされる考え方である。属性（陽：男，昼，春夏，活動性。陰：女，夜，秋冬，静止性など），対立（男と女，昼と夜など），相互依存・消長・転化（日が昇り明るくなって目覚め，日が沈み夜になって眠くなる：これらの現象は一方的で終わるのでなく，相互に依存し繰り返す現象）の考えがある。食物と人体においても，陽と陰に分け，それぞれが相互にバランスよく成り立てば病気もないといった考え方である。例えば，体が冷えている（陰）時は，温の食物（体を温める）をとり，体を中和する（寒くも熱くもない状態にする）ことを説いている。

　五行学説とは陰陽で説明のつかない所を補足（事物や現象の生成が重点）し，体系化したものである。すなわち，人類の生存にかかせぬ五つの物質「木・火・土・金・水」が基本であり，この五元素の循環が五行とされ，宇宙自然界のすべての物質や現象をこれに当てはめた。五行の法則（相生・相克・相乗・相侮・不生）がある。図XI－1に陰陽五行の座標と，五行による食物営養学関係の分類を挙げておく。ここでは，食（薬）物の持つ性質と作用，人体の性質（証）について述べる。

3・1　食物の性質と作用

　食物（薬物との区別はない）について，上記の五行学説より次のように分けられている。

1）　食（薬）物と五性

　「性」とは食べた後，食物が体の内でどんな特性を示すかを表したもので，次のように分類している。「＋←熱＞温＞平＞涼＞寒→－」の順となる。

　＊熱性の食物：食べた後，体を温め興奮作用がある食物。貧血，冷え性，水滞の人に良い。

　＊温性の食物：食べた後，熱性の食物よりはやや緩慢だが，体を温め興奮作用がある食物。冷え性や水滞の人に良い。

　＊平性の食物：食べた後，寒熱のひずみがなく体内での作用が穏やかな食物。常用すれば健康増進に良い。

　＊涼性の食物：食べた後，体が涼しくなる性質の食物。鎮静，消炎作用があり，のぼせ症の人に良い。

　＊寒性の食物：涼性より強く体を冷やす食物。鎮静，消炎作用があり，のぼせ症で血圧の高い人に良い。

図XI－1　陰陽五行の座標と五行による食物営養学関係の分類[1][2]

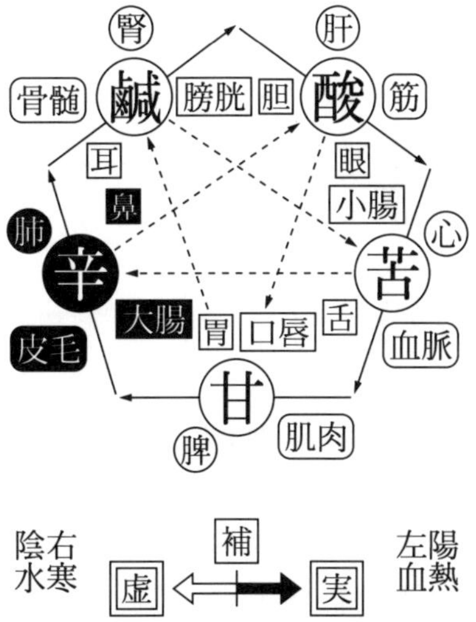

五　行	木	火	土	金	水
季　節	春	夏	土用	秋	冬
五　臓	肝	心	脾	肺	腎
六　腑	胆	小腸	胃	大腸	膀胱
五　官	目	舌	口	鼻	耳
組織(甘)	筋	脈	肉	皮毛	骨
(攴)	爪	面色	唇	息	髪
情　志	怒	喜	思	悲	恐
悪	風	暑(熱)	湿	燥	寒
労	歩	視	坐	臥	立
五　色	青	赤	黄	白	黒
五　味	酸	苦	甘	辛	鹹
五　宣	甘,苦	辛,甘	鹹,辛	酸,鹹	苦,酸
五　禁	辛	鹹	酸	苦	甘
五　穀	麦	黍	粟	稲	豆
五　畜	鶏	羊	牛	馬	豚
五　菜	韮(にら)	薤(らっきょう)	葵(あおい)	葱(ねぎ)	藿(まめのは)
五　果	李(すもも)	杏(あんず)	棗(なつめ)	桃(もも)	栗(くり)
人　参	紫参	赤参(丹参)	黄参(朝鮮人参)	白参(つりがね人参)	黒参(玄参)

陰右　水寒　補　左陽　血熱
虚 ⟷ 実

文献：(1)　渡辺武・追立久夫：薬膳と健康料理，p.91，京都書院，1990年
(2)　山崎郁子：中医営養学，p.83，第一出版，1988年

（分類により，熱・温，涼・寒を合わせ，下記の性質を加えて五性とすることもある。また，その他の分類もあるが五性にとどめる）。

＊補佐の食物：体力を補強する作用を持つ食物。虚弱体質の補強など。過度に摂取すると逆に有余状態になる。

＊瀉性の食物：体力が余っている時，これを排除する働きを持つ食物。体内に水分がたまったり，うっ血，過剰による肥満などに対応する。

2）食（薬）物と五味

「味」とは食物が本来持っている味で，食物中に単一では存在しない。現在言われている味の5（4）基本味（甘，酸，塩（鹹），苦，（旨））の分類とは若干異なり，五行学説より辛味が入り，五つに分類し，それぞれ五味は人体の五臓・五腑に対応し，各臓器の機能を高めたり，損なったりする食効果があるとされている。

＊酸味：酸味の食物は肝・胆に作用し機能を高める。収斂・固渋の効果がある。粘膜や筋肉に働いて出過ぎるものを抑える消炎作用がある。寝汗，下痢，尿の出過ぎ，遺精に有効。過食すればその収斂作用により，体内からの発散が妨げられ脾・胃の機能が損なわれる。

＊苦味：苦味の食物は心・小腸に作用し機能を高める。瀉出し，乾かし固める作用があるので，体内の熱・湿気を取りのぼせなどの症状に効果がある。過食すると陽気が少なくなり肺・大腸の機能が損なわれる。皮膚を乾かす傾向もある。

＊甘味：甘味の食物は脾・胃に作用し機能を高める。人体の衰えをよく補養し，緊張を緩め，痛み
　　　を取り，滋養強壮の作用がある。過食すれば弛緩が強まり，だるくなり，腎・膀胱の機能
　　　が損なわれる。

＊辛味：辛味の食物は肺・大腸に作用し，機能を高める。体を温め，発汗させ，気血の巡りを良く
　　　する作用がある。過食すれば汗・陽気を発散し過ぎて，肝・胆の機能が損なわれる。

＊鹹味：鹹味の食物は腎・膀胱に作用し，機能を高める。しこりを和らげ，潤い軟化させる作用が
　　　ある。皮膚の下に出来るしこり，リンパ腺の腫れ，便秘解消などに効果がある。過食すれ
　　　ば潤す効果が過剰となり，浮腫などが起き，心・小腸の機能が損なわれる。

それぞれの性・味を持つ食品を表XI−1に示す。

3・2　各個人の体質（証）の弁別

　各個人の性格が異なるように，人体の性質も西洋栄養学のような体格や労差別による区分では，と
らえきれない部分がある。中医学では体質を鑑別するのに「八綱弁証学」があり，基本的に八つに分
けている。「陰・陽・虚・実・寒・熱・表・裏」。表裏は病気の部位の深さを，寒熱は病気の性質を，
虚実は邪気と生気とのバランスを，陰陽は，八綱の総綱として表・熱・実を陽に，裏・寒・虚を陰に
帰属させるものであるが，病気に対する詳細の検討を行う場合はともかく，薬膳の日常食では寒・熱・
虚・実の四つに分けている。ただ，これらが独立した体質というよりも重なり合っている場合が多い
ので，寒虚型は陰型（寒証），熱実型は陽型（熱証）として扱われている。一般にこれらの証に偏っ
ている人はまれで，どちらかに近い中間的な体質の人がほとんどである（寒実，熱虚型は理論上あり
えない）。

＊熱証の人：顔が赤らかおで脂じみていて，身体が熱っぽく，尿は少なめで便秘症の性質を持つ人。
＊寒証の人：顔が青白く，冷え性でのどの渇きもなく，尿が多めの人。

1）　弁別による体質と五性の関係

　各証タイプの人は，五性の特性を考えた食物摂取により緩和して，どちらの証にも偏らない中間の
方向にもっていくのが理想である。なお，平性に属する食物はどちらの証でも用いる。

＊熱証（熱実型）の人では，瀉涼性に分類される食物の摂取を基盤におくとよい。おおまかな食物
　の選別では，淡色野菜類，雑穀類，白身魚，海草，きのこ類など。

＊寒証（寒虚型）の人では，補温性に分類される食物の摂取を基盤におくとよい。おおまかな食物
　の選別では，穀類，芋，豆，畜肉類，有色野菜など。

2）　弁別による体質と五味の関係

　各人の体質を五つの味を使用することによってどれも過不足なくとり（味を偏りさせない），偏り
による病気を起こさせない方向にするのが理想である。

＊熱証（熱実型）の人では瀉涼の陰味であり，酸味（消炎，収斂作用）と苦味（たまっている水を
　排出する作用，固める作用）を基盤に用いる。

XI　薬膳料理　195

表XI-1　食物の五味と五性(3)

五行	五味	温・熱	平	涼・寒
木	酸	アンズ、ザクロ、サンザシ、モモ、レイシ、イブリ、バター、酢	アズキ、スモモ、梅、キンカン、ブドウ、イチゴ、リンゴ、レモン、ヨーグルト	トマト、キーウィ、ナシ、ビワ、ミカン、ユズ
火	苦	モチゴメ、カブ、シソ、パセリ、アンズ、ウド、モモ、ツクシ、豚のレバー、ヨモギ、龍眼（リュウガン）、酒、ラード、紅茶	ギンナン、牛のレバー、や心臓、やゝ心臓、グレープフルーツ	ヒエ、ニガウリ、クワ、ワラビ、ゴボウ、コーヒー、ミョウガ、セロリ、菊の花、タンポポ、チシャ、ユリネ、レンコン、牛の胆のう、クマの胆のう、羊の肝臓、茶（緑）
土	甘	モチゴメ、ゲンマイ、カボチャ、カブ、ザクロ、栗、クルミ、サンザシ、ナツメ、サクランボ、マツの実、モモ、龍眼（リュウガン）、レイシ、アナゴ、イワシ、ウナギ、エビ、カツオ、ブリ、マグロ、サケ、ナマコ、牛の肉、羊の肉、鶏の肉、シカの肉、チーズ、ダイズ油、ラッカセイ油、ラード、酒、八角	ウルチマイ、キビ、トウモロコシ、ダイズ、豆乳、ユバ、クロマメ、アズキ、ソラマメ、エンドウマメ、ササゲ、ピーナツ、ゴマ、ジャガイモ、ヤマイモ、サツマイモ、ツクイモ、白キクラゲ、キャベツ、シュンギク、ナガイモ、ニンジン、ブロッコリー、チンゲンサイ、イチジク、リンゴ、キンカン、ギンナン、ブドウ、牡蠣、コイ、アジ、サンマ、サバ、グレンソウ、金針菜、ユリネ、柿、キーウィ	ヒエ、オオムギ、コムギ、ハトムギ、ソバ、トウフ、緑豆、緑豆もやし、キュウリ、白ウリ、スイカ、トウガン、ヘチマ、マクワウリ、シメジ、黒キクラゲ、クワイ、セロリ、ダイコン、ゼンマイ、モヤシ、トマト、ナス、セリ、アスパラガス、ハクサイ、レンコン、ホウレンソウ
金	辛	アンズ、アブラ菜、コマツ菜、カラシ菜、パセリ、シソ、ニラ、ネギ、ウド、ラッキョウ、ダイズ油、カラシ、コショウ、ショウガ、トウガラシ、ワサビ、ザーサイ、酒、ワイン、肉桂、ニンニク、八角、陳皮、ハッカ	サトイモ、シュンギク、タマネギ、アワビ	ゴボウ、コンニャク、ダイコン
水	鹹	クリ、イワシ、ナマコ、エビ、ススメの肉	アワビ、牡蠣、クラゲ、イカ、サメ、タチウオ、ニシン、ヒジキ、豚の肉、豚の心臓と肝臓	アサリ、コンブ、ワカメ、ノリ、アサリ、牡蠣殻の粉末、カニ、シジミ、ウニ、タコ、タニシ、ハマグリ、ピータン、しょうゆ、食塩、味噌
土	甘		ハゼ、サヨリ、フカヒレ、タイ、シラウオ、ススキ、タチウオ、ドジョウ、ニシン、フナ、フグ（毒あり）、ヒラメ、牛、イシモチ、ホタテ、ウズラの胃、豚の肉、鶏の肉、鶏のスナギモ、イノシシの肉、鶏の卵、ハトの卵、牛乳、水砂糖、黒砂糖、ハチミツ	ミカン、ユズ、羅漢果（ラカンカ）、タコ、ハモ、タニシ、ハマグリ、馬の肉、羊の肝臓、その肉、羊の肝臓、スッポン、豆腐、ナタ木油、ゴマ油、ニシン、白砂糖、緑茶

文献：(3)　正岡慧子：薬膳のすすめ、pp.138～139、社会思想社（教養文庫）、1993年

＊寒証（寒虚型）の人では補温の陽味であり，甘味（人体への補養・弛緩作用）と辛味（保温作用，体を活性化する）を基盤に用いる。

鹹味はしこりをとり，潤いを持たせる（陽の性質も持つ）ので，熱証に用いる。

3・3　食物と各人の証と調理法について

薬膳における調理法は，通常の調理学で扱われる調理法と手段に関しては同様である。しかし，目的が異なる。通常調理では，安全性・効率の良い栄養バランス・嗜好性を念頭におくが，薬膳では人体における食物の特性効果を第一に考える。各個人の証が決まり，食物を選択する時，食物の制約を受けることがある。その人によって食べてはいけない食物があるというのでなく，これを調理の手法により，食効果を別の性質や特性に変えることができるので，食物の選択の幅を広げることができる。例えば熱温性の食物を調理により冷やしたり，涼寒性の食物を加熱する（温める）ことにより，それぞれ食物の性を変えることができる（食効果を弱めたりするなど）。食品を単一で用いるというよりは，複数で用いることにより食物の味を組み合わせることができ，お互いの不足部分を補ったり，食効果を弱めたり（緩和）することができる。例えば，酸味には甘味，苦味には辛味，甘味には鹹味，辛味には酸味，鹹味には苦味を用いるとよい。

3・4　自然界の四季と薬膳

最近の食生活の食物の選択は，季節感がなくなったと言われる。特に野菜類に限っては温室栽培が盛んなため，季節外れでも入手可能となった。しかし，人間も自然界の一員である以上，季節の変わりめなどに人間の生理機能に影響を及ぼし，体調を崩すことがある。これらを予防するために，食物の特性を生かした料理を作り，摂取することにより体調を整えるべきである。薬膳は正にこれらの真髄をついている。自然界を「六気」で表し，「風・寒・暑・湿・燥・火」の気候の変化があるとされる。通常は季節を通過し，これを繰り返すことの現象だが，人の生気が虚すると抵抗力がなくなり，六気が人を襲い，病気（体調を壊す）にする。「邪気」という。これを防ぐために季節により食物も選んでいくという考えである。（自然の状態で収穫されるものは，正にこのサイクルに沿っていた）。

　1）　春の食物選択

春は一般に「風」で表わされる。

風邪に犯されると，人体の上部より侵入し，頭痛，くしゃみ，のどの痛みなどを伴う。これを防ぐためにしょうが，ねぎ，菊花などを用いる。また，「肝」が活発化するので，精神の不安定などが出る。このため，平となる食物をとる。セロリ，ブロッコリィ，いんげん，じゃがいもなどの野菜類をとる。

　2）　夏の食物選択

夏は一般に「暑」で表わされる。

暑邪に犯されると，炎熱，昇散，損傷，食欲減退，「湿」と合わさって腹部がはったり，下痢，浮腫などが出る。湿邪の場合は豆類，瓜，暑邪にはすいか，なし，などで発汗や尿を排出させる。また，調理法では加熱調理したものを，冷やして食するなどの工夫もする。

XI 薬膳料理 197

3） 秋の食物選択

秋は一般に「燥」で表わされる。

空気が乾燥しているので，燥邪に犯されると口，のどの渇き，皮膚のかさつき，ぜんそくなどを伴う。このため，あんず，柑橘類，もち米などをとり，体を冷やさないようにする。

4） 冬の食物選択

冬は一般に「寒」で表わされる。

気温が低く，体の気も低下する。寒邪に犯されると体の冷え，気血の停滞，下痢，収縮など。また，人体の表面から犯されると，頭痛，無汗で発熱する。このため，しょうが，ういきょう，ねぎなどでかゆを調理し，温かくして補養に努める。寒涼性の食物は避けること。

4．薬膳料理の実際

【薬膳粥の例】

A．葱薑海鮮粥 （ツォンジャン ハイ シエンヂョウ）

（しょうがとねぎのかゆ）（4人分）

（風邪などひいて体を温めたい時）

材料	精白米	100 g
	長ねぎ（白）	1本
	しょうが	30 g
	大なつめ	2個
	ひらめの身	80 g
	清湯	600 ml
	塩	小S 1・1/2

① 米は洗って水切りしておく。

② 鍋に清湯と米を入れ，火にかける。

③ 大なつめをそのまま，加える。

④ みじん切りのねぎを油で炒め，加える。

⑤ 1時間以上弱火で煮込む。

⑥ ひらめをそぎ切りにし，皿に並べておく。

⑦ かゆを盛り，上に⑥のひらめをおき，少量のしょうゆでいただく。

＊ねぎ・しょうが共に温・辛。全身を温め，冷えをとる。

＊ひらめ・大なつめ共に平・甘。体の虚弱を改善。

B．枸杞子粥 （ゴウ ティ ズ ヂョウ）

（クコかゆ）（4人分）

（体力増強，疲れ目に）

材料	精白米	100 g
	クコ	40 g
	長ねぎ	1/2本
	清湯	600 ml
	塩	小S 1・1/2

① 米は洗って水切りしておく。

② クコの実は洗ってぬるま湯でもどしておく。

③ 鍋に清湯と米を入れ，火にかける。

④ 弱火で1時間くらい煮て，最後にクコを入れて一煮立ちさせる。

⑤ 塩は最後に入れ，好みに調節する。

＊クコ（枸杞子）は平・甘。

＊ねぎは温・辛。

体を温め，眼性疲労に良い。

XII 献立構成と食卓の演出法

1. 献立構成

1・1 献立とは

　中国では献立表のことを菜単＜ツァイ ダン＞というが，メニューのことである。食単＜シィ ダン＞，菜譜＜ツァイ プウ＞，食譜＜シィ プウ＞などとも言う。正式の宴席菜（筵席）を基本としているが，日常の食事（家常飯）では，料理の内容や品数は異なるが，その基本となる考え方は同じである。中国では偶数が好まれ，四品献立を基本とするが，六品，八品というように偶数の品数を増していく。宴席の献立カードは，縦書き，横書き，タイプ印刷，手書きなど様々であるが，卓上に出る順序に従って料理名が記される。すなわち，基本的な献立は前菜から始まる。

1・2 献立構成とその内容

1）中国料理名の基本形

　中国料理名は，すべて漢字で書かれているので，料理名の基本形を知っておくと，献立の理解に役立つ。

① 主要材料の組み合わせ（材料＋材料）

　例　蟹黄魚翅＜シェ ホワン ユィ チィ＞：かにの卵入りふかひれスープ，栗子鶏＜リィ ズ ジィ＞：栗と鶏の煮込み

② 調理法と材料の組み合わせ（調理法＋材料）

　例　炒蝦仁＜チァオ シャ レン＞：えびの炒め物，炸鶏腿＜ヂァア ジィ トェイ＞：鶏ももの揚げ物

③ 調味料と材料の組み合わせ（調味＋材料）

　例　糖醋鯉魚＜タン ツゥ リィ ユィ＞：こいの甘酢あんかけ，豉油鶏＜チイ イゥ ジィ＞：丸鶏のしょうゆ煮

④ 地名，人名，故事を付けたもの

　例　北京烤鴨＜ベイ ジン カオ ヤ＞：北京ダック，東坡肉＜ドン ポォ ロウ＞：豚の角煮

⑤ 出来上がりの状態を表現したもの

　例　何種類かを示す：三鮮＜サン シェン＞，四宝＜ス バオ＞，五香＜ウ シャン＞，八珍＜バア ヂェン＞，什綿＜シィ ジン＞など。

　　　色，光沢を示す：芙蓉＜フゥ ロン＞，雪花＜シュエ ホワ＞（卵白を使った白くてふんわりした感じの料理を示す）

　　　　　　　　　　　：珊瑚＜シャン フウ＞，牡丹＜ムゥ ダン＞（赤を示す）。

　　　　　　　　　　　：玻璃＜ボォ リィ＞（ガラスのように透き通ったものを示す）

　　　形：孔雀開屏＜コン チュエ カイ ピン＞（孔雀が羽を広げた形の拼盤＜ピン パン＞

XII 献立構成と食卓の演出法　199

表XII-1　中国料理の供応食の献立構成の内容

順 序	分　　類	内　　容
前 菜 チエンツァイ	冷 菜（冷葷） ロンツァイ　ロンホン	酒の肴になるような美味・珍味の各種料理を盛り合わせる。一般に，冷たい前菜が多く用いられている。中国の習慣では偶数の品数にすることが多く，簡単な場合でも2種類，普通は4種類ぐらいで，大皿に盛り合わせる場合には，6～8種類ぐらいを供する。
	熱 菜（熱葷） ルオファイ　ルオホン	酒の肴に向く水気の少ない揚げ物や，炒め物が供されるが，分量は主要料理よりも少なく，器も小さいものを用いる。
大 菜 ダアツァイ	大 件（頭 菜） ダアチェン　トウツァイ	大菜の中で，最初に供される。その献立の中で最も高級な材料を用いる料理で，その宴席の名前となったり，大件の種類によって宴席の等級付けがなされるくらいである。例：燕窩席，海参席など。 イエンウオ シイ　ハイシェンシイ
	炒 菜（炒め物料理） チャオツァイ	少量の動物性食品と野菜を多く用いるが，動物性たんぱく質のうま味が野菜に浸透し，経済的，栄養的である。
	炸 菜（揚げ物料理） ヂアツァイ	素揚げ（清 炸），から揚げ（乾 炸），衣揚げ（軟 炸・高麗）などがある。 チンヂャア　　ガンヂャア　　ロワンヂャア ガオリィ
	蒸 菜（蒸し物料理） ヂョンツァイ	短時間強火で蒸すものと，中火で長時間蒸すものがあるが，形のまま蒸しても形が崩れず，うま味も逃がさないのが特徴である。鶏や魚の姿蒸しなどがある。
	溜 菜（あんかけ料理） リュウツァイ	既に揚げる，蒸す，水煮する，ゆでるなどの調理をした材料にでん粉でとろみを付けたくずあんをかけた料理，酢豚（咕咾肉），こいの甘酢あんかけ（糖醋鯉魚）などがある。 グゥラオロウ　　　　　タンツゥリィユイ
	煨 菜（煮込み料理） ウェイツァイ	うずみ火ほどの弱火でゆっくり煮る料理である。器と呼ばれる，ふたがぴったりとできる壺形や，磁器に材料と調味料を入れ，湯をわかした鍋ごと入れて，湯せん状態にすることもある。山海の珍味の壺入り煮（仏跳 牆），豚の角煮（東坡肉）などがある。 フォ テイヤオチャン　　ドンポォロウ
	烤 菜（直火焼き料理） カオツァイ	直接直火にかざして焼くだけでなく，かまどで蒸し焼きにすることもある。あぶり焼き（脆 烤），つるし焼き（掛炉烤），オーブン焼き（烘烤）などがある。 ツオエイカオ　　ゴワルウカオ　　　　ホンカオ
	湯 菜（スープ料理） タンツァイ	澄んだスープ（清湯），濁ったスープ（奶湯），でん粉でとろみを付けたスープ（羹），中身の多いスープ（燴）などがある。 チンタン　　　　ナイタン ゴン　　　　　　　ホエイ
	飯 ファン	白飯，粥，麺，饅頭など。
	飯 菜 ファンツァイ	漬け物，簡単な料理，常備菜など。
点 心 ディエンシン	甜 点 心（甘味もの） ティエンディエン シン 鹹 点 心（塩味もの） シエン ディエン シン	デザートとして供されるもの。 塩味のもので，2種以上を供する場合には，甘塩味両方を供する。
その他		茶，水果（果物）

2）　供応食の献立構成

　中国料理の献立には，おおよその形式があるが，菜と点心に大別することができ，菜は前菜と主要
な料理，いわゆる大菜の総称である。点心とは，一品で軽い食事代わりになるものや，菓子または菓
子代わりになる甘味のものを言う。表Ⅻ－1に中国料理の供応食の献立構成の内容を示した。

　中国料理様式の献立の順序と献立パターンを示すと図Ⅻ－1のようである。前菜の後に，料理が何
品か供されるが，この大菜の中で最初に出されるものを大件＜ダア ヂェン＞と言い，献立中の最高の
料理である。料理のコースが終わってから，御飯か粥，または饅頭か飯菜，漬け物などが供され，食
後の点心，茶，果物が供されて食事が終結する。前菜の後，献立中の最高の料理が供されるところか
ら，献立パターンを直角三角形で示した。大菜には各種の肉類，魚介類，野菜類が豊富に使われ，バ
ラエティーに富む。また，食材として多くの特殊材料が用いられ，その珍重さによって宴席の格付け
がなされるほどである。特有の調味料，料理に用いられる漢方薬，香辛料は多い。調理法に油を多く
用いるが，油っぽさを感じさせない。味を楽しむ料理と言われ，味の重厚さと変化に富んだ食品の組
み合わせが特徴である。

図Ⅻ－1　中国料理様式の献立の順序と献立パターン

献立の順序　　　　　　　　献立のパターン

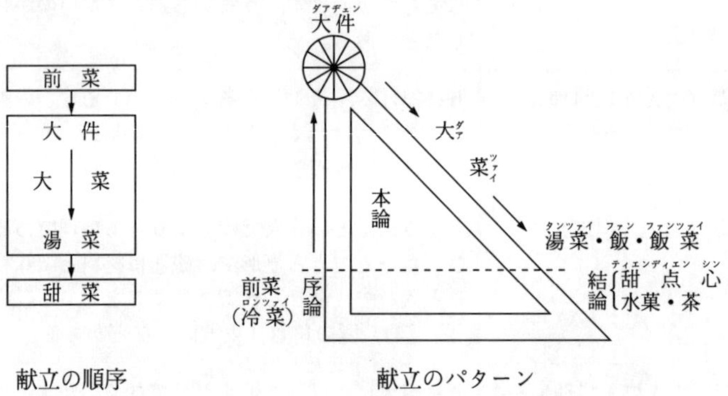

① 　一般宴席

　多くの人が集まり，飲食を共にする習慣は中国でも長い歴史を持っている。鬼神を尊ぶ祭祀から，
諸侯と杯を交わしたり，友と旧交を温める宴，四季の風光明媚をめでる遊宴，個人の慶弔事，民間の
祭り，外国との友誼や親交のための宴など，社会の推移とともに変貌し続けた歴史の流れは，文化遺
産の一つでもある。主要料理の最初に出るものが宴席の名称となり，その宴席の格を表す習慣がある。
一に第一級は燕窩席＜イェン ウオ シイ＞，次が魚翅席＜ユィ チィ シイ＞，三番目が海参席＜ハイ シェ
ン シイ＞とされている。そのほか，熊掌席＜ション ヂャン シイ＞，鮑魚席＜バオ ユィ シイ＞，魚肚席
＜ユィ ドウ シイ＞などもある。

② 　満漢全席

　満漢全席は，今日，料理界をにぎわしているが，その実態には諸説がある。満州族固有の料理から
なる宴席と，漢民族の料理からなる宴席を結合させた大規模の宴席であり，一定の形式を整えた格式
の高い宴席である。満漢全席の供し方，食べ方の特徴はそれぞれの宴席に合った調度品と用具を用い，
風俗までを替えて，各民族の食作法に従い，それぞれの宴席の雰囲気を楽しみながら食べるところに

ある。満席は，古い満族の料理をかなり改良したものが供されるが，体裁にあまりこだわらず，野趣に富んだ料理に特徴がある。漢席には，漢人の長年の調理技術が生かされたきめ細かい料理が多く出される。漢席に用いられる素材は干物，魚介類，鶏，鴨，肉類，植物性食品と多彩であるのに対し，満席では，豚，羊，鶏，鴨など野趣的な肉類のみに偏っている傾向にある。しかし，更に各地方の独特な料理も加えられ，満漢全席の内容も多様である。

3) 日常食の献立構成

普通の家庭の日常食の献立構成も地域によって多少異なるが，北京地方の中流家庭の日常食の献立構成の例を挙げると，表XII－2のようである。

表XII－2　日常食の献立構成

朝食	吃点心 チィティエンシン	白かゆ，常備菜，漬け物 または，饅頭・餅類
昼食	吃飯 チィ ファン	一湯三菜， 飯，または白かゆ，または点心
夕食	吃飯 チィ ファン	一湯三菜， 飯，または白かゆ，または点心

南方地域では，穀類を粒状のまま飯やかゆの状態で主食にしているが，北方地域では，穀類を粉にひいて麺，餅，饅頭の状態で主食にしている所が多い。

一湯三菜　例1

炸肉丸子（肉団子の揚げ物）
ヂャアロウ ワン ズ

青豆蝦仁（グリンピースとえびの炒め物）
チン ドウ シヤ レン

奶油白菜（白菜の牛乳煮込み）
ナイ イウ バイツァイ

蛋花湯（卵のスープ）
ダン ホワ タン

飯
ファン

一湯三菜　例2

咕咾肉（酢豚）
グゥ ラオ ロウ

炒墨魚（いかの炒め物）
チャオ モォ ユイ

涼拌茄子（なすの和え物）
リャンバン チェズ

酸辣湯（酸味と辛味のスープ）
ソワン ラァ タン

饅頭（まんじゅう）
マン トウ

献立作成上の注意

献立作成は，食事の目的に合わせて調理操作の予算，手順，季節などの条件を考慮しなければならない。

① 主な調理の主材料は，豚肉，牛肉，鶏，魚，貝，卵，豆腐などから一品ずつを選び，一品が肉であれば，他の一品は卵か魚というように，同じ材料が重ならないようにする。野菜はたっぷり用い，植物油で炒めて食べるように献立を立てる。

② 調理法と献立の順序については，一般に汁気のない料理を先に出し，汁気のあるものを後から出す。最初はしっくりした味の調和した炒め物，ついで，カラッとした揚げ物，あっさりした蒸し物，濃厚なあんかけ，炒め焼き，終わりごろに濃い味の煮込み物などを供すると，飯の菜として調和する。あっさりした味の汁物は，料理の最後に供する。四品の場合は，この中から適当な変化をつけて出すが，汁物は必ず入れるようにする。この後，御飯と漬け物を出し，最後にデザートとして甘

味や果物を供する。中国料理では，煮る，焼くといった単一の調理操作の料理ではなく，複合調理操作を行っているものが多いので，賞味する総合的な味の流れと，バランスが重要である。また，中国料理は下ごしらえが多く，また，加熱調理操作がほとんどなので，調理工程の流れを十分考慮して献立作成を行う必要がある。

③　料理の盛り付けについては，材料の組み合わせや切り方によって，色，形が決まるので，料理が出来上がる前から，盛り付けのイメージを確かなものにしておく必要がある。

(a)　液体の少ない料理は小高く盛り，ボリューム感を出すよう工夫する。

(b)　魚，家禽類などは，原形に戻すように盛る。魚や家禽類を丸のまま使った料理で，切り分けて調理した場合，盛り付ける時には，それが魚1匹，家禽1羽であることが分かるようにする。これは中国料理の大菜（主要料理）の供し方の一つである。

(c)　皿の周囲に飾りを付ける。色が単調な揚げ物などは，生野菜や果物などを添えて彩りを良くする。料理そのものを飾りとして，別の料理に添える方法もよく使われる。

(d)　料理そのものを形作る。拼盤と同様に，花，魚，鳥などの形のモチーフを魚，あひる，あわびなどで作る。

4）　飯茶＜ヤム チャ＞

飯茶とは，茶を飲むことであるが，中国茶を飲みながら，様々な点心を食べることを指す場合が多い。家庭内でも行われているが，古くから外食の習慣がある中国では，茶館という喫茶店に早朝から人々が集まり，茶を飲み，色々な種類の点心をつまみながら，話に花を咲かせて楽しい一時を過ごすことが行われている。特に広東や香港では盛んである。

長い歴史と広大な国土，そして多種多様な民族を持つ中国では，茶の種類，製法，飲み方も世界に類を見ないほどの多様さを持っている。中国茶は，その成分から6種類に分類されている。

①　緑茶：緑茶の歴史は非常に古く，その種類も多い。不発酵茶である。花茶はこのタイプの葉に花の香りを付けたもので，茶と花の香りがミックスされて独特の風味がある。ジャスミン茶，モクレン茶，オレンジ茶，キンモクセイ茶などがある。

②　黄茶：緑茶をつくる際に，乾燥が足りないと茶葉が黄色に変わることから，新しい品種が発見された。

③　黒茶：茶葉を蒸して塊にしたもので，黒い茶であるが，変質しにくい性質がある。

④　白茶：半発酵茶である。白茶は炒ったりもんだりせず，葉の原形のままで，葉のうぶ毛をとどめて全体的に白っぽいので，「白茶」と呼ばれる。

⑤　青茶：青茶は，紅茶と緑茶の中間の半発酵茶で，紅茶の色と香りを持ち，緑茶の甘味を持つ。烏龍茶はこのグループに入る。

⑥　紅茶：紅茶の製法は，緑茶，黒茶，白茶の製法を基礎にして作られるが，室温での自然発酵，あるいは，熱処理で作ることが特徴である。

茶の入れ方，飲み方については，日本茶と同様に急須に入れてから茶碗にそそいで飲む場合と，ふた付きの茶碗に茶葉を一つかみ入れて熱湯をそそぎ，ふたをしてしばらく置き，ふたをずらしてその隙間から飲む方法がある。

XII　献立構成と食卓の演出法　203

1・3　献立の食品構成と食味構成の特徴

1）　食品構成

　食品材料の選択にあたっては，豚肉，羊肉，鶏，牛肉，海産物，野菜類，乾物などの広い範囲から選び，また，季節のものを取り入れるように心掛ける。まず，前菜については，主要料理とは異なって材料の選択はすこぶる自由であるが，各種材料が重ならないようにする必要がある。主要料理については，最初に供するものが，大件＜ダア ヂェン＞と呼ばれるその席の代表的な料理であり，何をもって代表的料理とするかについて，十分に検討しなければならない。それには，山海の珍味と言われる乾貨＜ガン フォ＞（特殊材料）が用いられる。主材料と副材料の関係については，副材料が主材料の本味を妨げないように心掛け，副材料は主材料の補佐役であって調和が第一である。軟らかいものには軟らかいものを配し，硬いものには硬いものを，濃厚なものには濃厚なものを，淡泊なものには淡泊なものを配し，生臭いものには，ねぎ，にら，しょうがなどの野菜を選ぶというような工夫が大切である。主副の調和という中には，材料では硬軟，色，香，形，味などの個性を生かしながら，どこに焦点を当てて出来上がった料理のおいしさのシンフォニーを盛り上げていくか，センスと技術の問題でもある。

2）　食味構成

　中国には，万能調味料ともいうべき発酵性の醤類がある。漢代以前の醤＜ジャン＞は肉や魚を原料として，塩，麹，酒を混ぜて発酵させたものである。この肉醤，魚醤の動物性の原料の代わりに大豆や穀類を利用するようになって出来たのが，穀醤類である。こうした背景の下に，各種の醤類，複合的味を持った調味料をはじめ，各種の香辛料，料理に用いられる漢方薬などが用いられ，また，油の使用料も多い。油は炒め物や揚げ物に用いられるばかりでなく，調味料，香料（例：芝麻油＜ヂイ マァイゥ＞）として用いられる。中国料理の食品材料には，山海の珍味と言われる特殊材料があり，肉類や野菜類とともに献立をバラエティーに富んだ特徴あるものにしている。多量の油を巧みに用いるとともに，独特の調味料や香辛料を用いて，重厚な味にしている。

3）　中国料理の“おいしさ”の特徴と表現用語（表XII−3参照）

　参考　中国における“おいしさ”に関することば
☆　味は濃厚なるを要するも，油膩なるべからず，味は清鮮なるも，淡薄なるべからず。

出典：『随園食単』袁枚

　　（味はこってりしていることを要するが，油こくてはいけない。味はあっさりしているを要するが，さりとて，みずくさくてはいけない）
☆　一様の米麺，各人の手段。　　　　　　　　　　　　　　　　　　　　　　　出典：『呂氏春秋』
　　（同じ米と麦粉を使った料理でも，うまいまずいがあるのは，各個人の腕前の違いによる）

表XII-3 中国料理における"おいしさ"の表現*

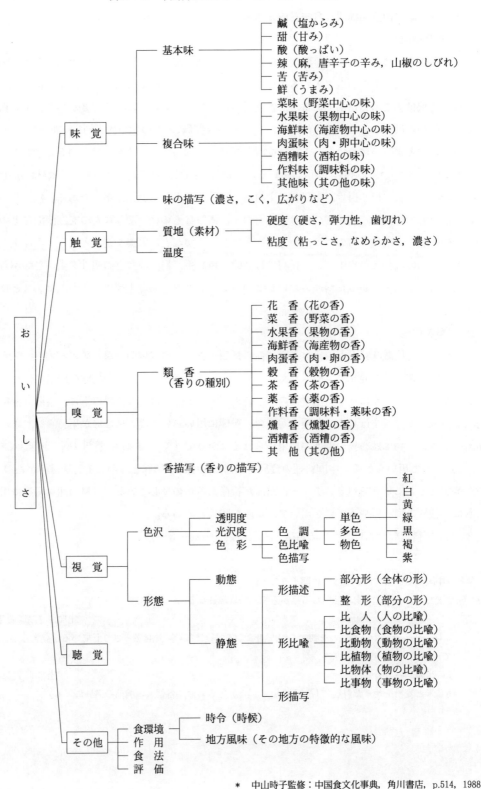

*　中山時子監修：中国食文化事典, 角川書店, p.514, 1988

2. 食卓の演出法

1） 供食の形式

孔子は『論語』の中で，「席正しからざれば，座せず」と述べているが，供食の形式は重要である。中国料理の食卓は，方形の食卓を8人で囲むのが正式とされてきたが，現在では人数の増減に対応しやすい円卓が使われるようになった。中国の習慣では，北と左の方を上席とするが，北方でなくても部屋の入口の位置によって，一番奥を上座とする。どのような場合でも左方を上席とし，次に右，左，右と交互に席次を決める。主人は入口に近い方に席をとる。図XⅡ-2に食卓と座席を示した。

図XⅡ-2　食卓と席順

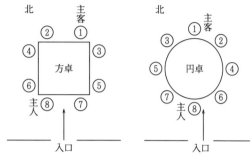

（矢印は料理を出す位置）

図XⅡ-3　中国料理の一般的な食器の配置図

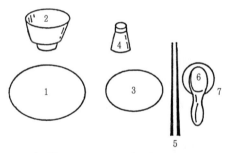

1．平　碟（平皿）　　2．湯　碗（スープ碗）
3．碟子（小皿）　　4．酒　杯（さかずき）
5．筷子（箸）　　　6．湯　匙（ちりれんげ）
7．匙　座（さじおき）

2） 中国料理の食器と盛り付け

中国料理では，数人分の料理を大きな器に盛り，各自好みの量だけ取るという，いわゆる取り回し方式である。一人分の食器としては，図XⅡ-3に示すように，平皿，深皿，小皿があり，これらの食器は料理が変わるごとに新しい皿と取り替える。中国料理の多くは，熱いところをいただくのが生命であり，手早く供することが大切である。また，冷たい前菜を大皿に盛り合わせた錦繍拼盤＜ジン シュウ ピン バン＞には蓮の葉や星をかたどったり，鳳凰や孔雀などを模した芸術的な豪華な盛り付けで始まる宴席もある。

3） 中国料理の食事の演出法

中国料理の食品材料には，山海の珍味と言われる特殊材料があり，バラエティーに富み，献立を豊かにしている。また，調味料や香辛料以外に多くの油脂を用いるが，油っぽさを感じさせないところに特徴がある。中国料理を一言で評するならば，味を楽しむ料理であるということができ，味の重厚さを賞味する。円卓を囲む食事法は和やかな雰囲気をかもし出している。料理を供する時は，すべて主客を中心に考え，丸のままの魚や鶏料理は，美しい盛り付けの正面を主客の前に置く。まず，形のままを客に見せてから，いったん下げて取りやすいように切り分けてから供する。

ⅩⅢ　中国料理のおいしさの特徴と表現用語

1．味　覚
　色，香り，味，形の中では味が最も優先される。鹹，甜，酸，辣，苦の五味にうま味を加えて，六大基本味としたりしている。更に，甘くてもしつこくない，酸味も酸っぱ過ぎないというように，程よい味，全体が調和した味を良いとし，様々な味が一つとなっておいしさを作り出すことが，中国料理の特徴である。

　味についての表現用語について，中国料理の専門用語の例を挙げる。

(1)　基本味
　鹹＜シェン＞：帯鹹酸味＜ダイ シェン ソワン ウェイ＞（塩辛味と酸っぱ味）

　　　　　　　淡爽＜ダン ショワン＞（薄味ですっきり）

　　　　　　　微鹹＜ウェイ シェン＞（かすかに塩味がきいている）

　　　　　　　鹹味減少＜シェン ウェイ ジェン シャオ＞（塩味をおさえた）

　　　　　　　鹹中夾甜＜シェン ヂョン ジャ ティエン＞（塩味に甘みが混じっている）

　甜＜ティエン＞：甘涼清口＜ガン リヤン チン コウ＞（甘くて冷たくさっぱりしている）

　　　　　　　甘軟滑嫩＜ガン ロワン ホワ ネン＞（甘くてとろっとして軟らかい）

　酸＜ソワン＞：口味酸甜＜コウ ウェイ ソワン ティエン＞（甘酸っぱい味）

　　　　　　　酸爽開胃＜ソワン ショワン カイ ウェイ＞（酸味がさわやかで食欲を催す）

　辣＜ラァ＞：辣而不燥＜ラァ アル ブウ ザオ＞（辛いが焼け付くほどではない）

　　　　　　　辣而刺鼻＜ラァ アル ッ ビイ＞（辛くて鼻にツンとくる）

　鮮＜シェン＞：保持鮮度＜バオ チィ シエン ドウ＞（新鮮さを保っている）

　　　　　　　回味鮮美＜ホェイ ウェイ シエン メイ＞（後味にうま味がある）

(2)　複合味＜フウ ホオ ウェイ＞
　菜味＜ツァイ ウェイ＞：濃厚的蕃茄味＜ノン ホウ ドオ ファン チエ ウェイ＞（濃厚なトマトの味）

　　　　　　　蒜苗味突出＜ソワン ミャオ ウェイ トウ チュウ＞（大蒜の芽の味が際立っている）

　果味＜グオ ウェイ＞：有濃厚的杏仁味＜イウ ノン ホン ドオ シン レン ウェイ＞（濃厚な杏仁の味）

　　　　　　　有鮮桃味＜イウ シエン タオ ウェイ＞（おいしい桃の味）

　海鮮味＜ハイ シエン ウェイ＞：海味突出＜ハイ ウェイ トウ チュウ＞（海産の味が際立っている）

　　　　　　　似蟹肉風味＜ス シエ ロウ フォン ウェイ＞（かに肉に似た風味）

　肉蛋味＜ロウ ダン ウェイ＞：鶏肉原味＜ジィ ロウ ユアン ウェイ＞（鶏本来の味）

　　　　　　　冬瓜吸透肉味＜ドン ゴワ シィ トウ ロウ ウェイ＞（冬瓜に肉の味が染み込んでいる）

　酒糟味＜ジオウ ザオ ウェイ＞：醇美香甜＜チュン メイ シヤン ティエン＞（豊かな味わいで香りがある）

口味醇厚＜コウ ウェイ チュン ホウ＞（豊潤な味わい）

作料味＜ズオ リャォ ウェイ＞：豆瓣味濃＜ドゥ バン ウェイ ノン＞（豆瓣醤の味が濃い）

五香味濃郁＜ウ シャン ウェイ ノン ユイ＞（5つの香料の味わいが濃い）

(3) **味描写**＜ウェイ ミャオ シェ＞

歯頬留香＜チイ ジャリ リュウ シャン＞（口中に味わいをとどめる）

多食不厭＜ドゥ シイ ブウ イェン＞（たくさん食べてもあきない）

富有回味＜フウ イウ ホェイ ウェイ＞（あと味が豊か）

互有串味＜フウ イウ チョワン ウェイ＞（互いに味を引き立てる）

食後尚有回味＜シイ ホワ シャン イウ ホェイ ウェイ＞（食後なお味わいがある）

味中有味＜ウェイ ヂョン イウ ウェイ＞（味わいの中に味わいがある）

2．触　覚

触覚とは歯ざわり・舌ざわりなどの口当たりである。

(1) **質地**＜ヂィ ディ＞（素材）

脆又粘＜ツォエイ イウ ヂャン＞（歯切れが良くて，粘り気がある）

脆中帯靭＜ツォエイ ヂョン ダイ レン＞（歯切れ良さの中に弾力がある）

吃口酥鬆＜チイ コウ スゥ スン＞（かむとサクッとしている）

到口即化＜ダオ コウ ジイ ホワ＞（口に入れると，たちまちとろける）

爛而不糜＜ラン アル ブウ ミイ＞（軟らかく煮えているが崩れない）

耐嚼味長＜ナイ ジャオ ウェイ チャン＞（かめばかむほど味がでて，味がいつまでも残る）

酥而不糜＜スゥ アル ブウ ミイ＞（ふっくらと軟らかいが崩れない）

酥而不砕＜スゥ アル ブウ ツオエイ＞（サクッと軟らかいが砕けない）

外脆内鬆＜ワイ ツォエイ ネイ スン＞（外側は歯ごたえがあるが，中は軟らか）

(2) **温度**＜ウェン ドゥ＞

不熱不涼＜ブウ ルオ ブウ リャン＞（熱くもなく，冷たくもない）

涼爽利口＜リャン ショワン リィ コウ＞（冷たくさわやかで，おいしい）

粉騰熱気＜フェン トン ルオ チイ＞（盛んに立ち上がる湯気）

入口滾燙＜ルウ コウ グウン タン＞（口にするとアツアツ）

冷熱倶佳＜ロン ルオ ジュイ ジャ＞（冷菜温菜共においしい）

冷熱相拼＜ロン ルオ シャン ピン＞（冷菜温菜が一緒に盛り合わされている）

3．嗅　覚

心地よい芳香は食欲を刺激し，また，生臭みを抑制し，しつこさを和らげる。美味佳肴には，かぐわしい香りと芳醇な香りが求められている。

(1) **類香**＜レイ シャン＞（香の種別）

花香＜ホワ シャン＞：桂香濃郁＜ゲェイ シャン ノン ユイ＞（もくせいの香りがかぐわしい）

有蘭花芳香＜イウ ラン ホワ ファン シャン＞（蘭の花の芳香がする）

菜香＜ツァイ シャン＞：茹香笋脆＜グウ シャン スウン ツォエイ＞（しいたけの香りとたけのこの歯
触り）

菌香味特濃＜シュン シャン ウェイ トウ ノン＞（きのこの香りがある）

果香＜グオ シャン＞：栗子香酥＜リィ ズ シャン スウ＞（栗の香りが高い）

椰奶香濃＜イエ ナイ シャン ノン＞（ココナッツミルクの香りが強い）

海鮮香＜ハイ シエン シャン＞：飽含魚香＜ハオ ハン ユィ シャン＞（魚の香りをたっぷり含む）

鮑魚醇香＜バオ ユィ チュン シャン＞（あわびの香りが強い）

肉蛋香＜ロウ ダン シャン＞：痩肉焦香＜ショウ ロウ ジャオ シャン＞（赤身肉の焦げた香り）

奶香馥郁＜ナイ シャン フウ ユィ＞（乳の香りがふくいくとしている）

穀香＜グウ シャン＞：有淡而清香的豆香味＜イウ ダン アル チン シャン ドオ ドウ シヤン ウェイ＞
（薄味ですっきりした豆の香り）

麻仁香味四溢＜マァ レン シャン ウェイ ス イ＞（ごまの香りがあふれる）

茶香＜チャ シャン＞：清馨的茶香＜チン シン ドオ チャ シャン＞（かぐわしい茶の香り）

有茶葉和楠樹葉的特殊味＜イウ チャ イエ ホオ ヂャン シュウ イエ ドオ トオ
シュウ ウェイ＞（茶と楠の葉の特別な香り）

作料香＜ズオ リヤオ シャン＞：有麻香味道＜イウ マァ シャン ウェイ ダオ＞（ごまの香りと味がする）

蒜香突出＜ソウン シャント ウ チュウ＞（にんにくの香りが際立っている）

燻烤焦香＜シュン カオ ジャオ シャン＞：味道煳香＜ウェイ ダオ フウ シャン＞（こんがりとした香り）

煳香味濃＜フウ シャン ウェイ ノン＞（香ばしい香りが強い）

酒糟香＜ジョウ ザオ シャン＞：糟香透入＜ザオ シャント ウ ルウ＞（酒粕の香りが染み込んだ）

甘美的糟香味＜ガン メイ ドオ ザオ シャン ウェイ＞（甘味な酒粕の香り）

(2) **香描写**＜シャン ミャオ シェ＞

気味特佳＜チイ ウェイ トオ ジャ＞（香りが特に良い）

気味香郁＜チイ ウェイ シャン ユイ＞（ふくいくとした香り）

香甜似蜜＜シャン ティエン ス ミイ＞（芳しい甘味で蜜のよう）

聞之開胃＜ウェン ヂイ カイ ウェイ＞（においをかぐと食欲がでる）

清香溢口＜チン シャン イ コウ＞（すっきりした香りが口中にあふれる）

味香汁稠＜ウェイ シャン ヂイ チョウ＞（香り高く汁はとろりとしている）

香鬆異常＜シャン スン チ チャン＞（ほかに見られないほど香ばしく，ふわっとしている）

越嚼越香＜ユエ ジャオ ユエ シャン＞（かむほどに芳しく）

4．視　覚

料理の色，光沢や形態をいうが，目で見た第一印象がおいしさを決定する。生き生きとした造形，
調和のとれた色・光沢などが食欲を促す。

XIII　中国料理のおいしさの特徴と表現用語　209

(1)　**色沢**＜スオ ズオ＞

　透明度＜トゥ ミン ドゥ＞：底色透明如水晶＜デイ スオ トゥ ミン ルウ ショエイ ジン＞（底まで透き
　　　　　　　　　　　　　　　　通って水晶のよう）

　　　　　　　　　　　　　　湯清如鏡＜タン チン ルウ ジン＞（スープは澄んで鏡のよう）

　光沢＜ゴワン ズオ＞：光沢悦目＜ゴワン ズオ ユエ ムク＞（光沢があって目に楽しい）

　　　　　　　　　　　　光亮潤沢＜ゴワン リャン ルウン ズオ＞（つやがあって，しっとりして
　　　　　　　　　　　　　いる）

　色彩＜スオ ツアイ＞

①　色調＜スオ デイヤオ＞：呈清紅色＜チョン チン ホン スオ＞（淡紅色で際立っている）

　　　　　　　　　　　　　淡黄晶亮＜ダン ホワン ジン リャン＞（淡い黄色で水晶のように光る）

　　　　　　　　　　　　　黒色点綴＜ヘイ スオ ディエン ヂョエイ＞（黒色でアクセントをつけた）

　　　　　　　　　　　　　粉紫色＜フェン ズ スオ＞（桃色がかった紫色）

　　　　　　　　　　　　　黒白紅緑四色鮮明＜ヘイ バイ ホン リェイ ス スオ シエン ミン＞（黒，
　　　　　　　　　　　　　白，赤，緑の四色が鮮やか）

　　　　　　　　　　　　　呈珈琲色＜チョン カア フェイ スオ＞（コーヒー色をした）

②　色比喩＜スオ ビイ ユイ＞：紅似珊瑚＜ホン ス シャン フウ＞（赤くて珊瑚のよう）

　　　　　　　　　　　　　　潔白似珠＜ジェ バイ ス ヂュウ＞（真っ白で真珠のよう）

③　色描写＜スオ ミャオ シェ＞：菜色斑爛＜ツァイ スオ バン ラン＞（料理の色はまだら模様）

　　　　　　　　　　　　　　色沢清新悦目＜スオ ズオ チン シン ユエ ムウ＞（色つやが清新で目を
　　　　　　　　　　　　　　楽しませる）

(2)　**形態**＜シン タイ＞

　動態＜ドン タイ＞（動きのあるもの）：上桌時魚嘴尚在張合＜シャン ヂュオ シイ ユィ ゾエイ シャン
　　　　　　　　　　　　　　　　　　ザイ ヂャン ホオ＞（テーブルに出た時，魚の口がまだパクパクしてい
　　　　　　　　　　　　　　　　　　る）

　　　　　　　　　　　　　　　　　上桌時菜盆中的沸油仍在起泡＜シャン ヂュオ シイ ツァイ ペン ヂョン
　　　　　　　　　　　　　　　　　ドオ フウ イウ ロン ザイ チィ バオ＞（テーブルに出された時，皿の熱
　　　　　　　　　　　　　　　　　い油がなおフツフツしている）

　静態＜ジン タイ＞（動きのないもの）

①　形描述＜シン ミャオ シュウ＞：撻皮起層＜タア ピィ チイ ツォン＞（パイ皮が層をなしている）

　　　　　　　　　　　　　　　　有凹凸状＜イウ アオ トウ ヂョワン＞（でこぼこがある）

②　形比喩＜シン ビイ ユイ＞：形似松果＜シン ス スン グオ＞（形は松ぼっくりのよう）

　　　　　　　　　　　　　　形似鳳凰＜シン ス フォン ホワン＞（形はほうおうに似ている）

③　形描写＜シン ミャオ シェ＞：刀工精致＜ダオ ゴン ジン ヂイ＞（包丁さばきがすばらしく巧み）

　　　　　　　　　　　　　　　小巧玲瓏＜シャオ チャオ リン ロン＞（精巧で美しい）

5．聴　覚

料理によっては，卓上でジュージュー，あるいはヂーヂーというような，卓上で音を楽しむことのできるものもあり，おいしさの雰囲気を盛り上げてくれる。

嗤嗤響＜チョワン チョワン シャン＞（ジュージューと響く）

色濃有声＜スオ ノン イウ ション＞（色が濃くて音がする）

有軽微的炸裂声＜イウ チン ウェイ ドオ ヂャア リエ ション＞（ほんのかすかな爆発音がする）

吱吱作響＜ヂイ ヂイ ズオ シャン＞（ヂーヂーと音を立てる）

6．その他

(1)　**食環境**＜シイ ホワン ジン＞

①　時令＜シイ リン＞（時候）

初春時令菜肴＜チュウ チュン シイ リン ツァイ ヤオ＞（初春の候の料理）

春・秋季佐酒佳肴＜チュン チュウ ジイ ズオ ジオウ ジャ ヤオ＞（春・秋のおいしい酒の肴）

根据季節調換使用＜ゲン ジュイ ジイ ジエ テイヤオ ホワン シイ ョン＞（季節によって使い方を変える）

適宜冬季食用＜シイ イ ドン ジイ シイ ョン＞（冬季食べるのにふさわしい）

夏令中的肉食佳品＜シャ リン ヂョン ドオ ロオ シイ ジャ ピン＞（夏季によい肉食品）

為季節時菜＜ウェイ ジイ ジェ シイ ツァイ＞（季節料理となる）

適宇秋季蟹肥時制作秋＜シイ イウ チュウ ジイ シエ フェイ シイ ヂイ ズオ チュウ＞（蟹に脂がのった時料理するのに適する）

四季鹹宜＜ス ジイ シェン イ＞（四季いつでもよい）

②　地方風味＜デイ ファン フォン ウェイ＞（その地方の特徴的な風味）

道地川味＜ダオ デイ チョワン ウェイ＞（本場の四川料理）

杭州的創新菜＜ハン ヂョウ ドオ チョワン シン ツァイ＞（杭州の創作料理）

江南家郷風味＜ジャン ナン ジャ シャン フォン ウェイ＞（江南の郷土料理）

済南民間伝統菜＜ジイ ナン ミン ジェン チョワン トン ツァイ＞（済南の民間の伝統料理）

江南農家風味＜ジャン ナン ノン ジャ フォン ウェイ＞（江南の農家の風味）

濃厚的郷土気息＜ノン ホウ ドオ シャン トウ チイ シイ＞（濃厚な郷土のいぶき）

常州伝統名菜＜チャン ヂョウ チョワン トン ミン ツァイ＞（常州の伝統的名菜）

南京清真伝統菜＜ナン ジン チン ヂェン チョワン トン ツァイ＞（南京の回教の伝統料理）

(2)　**作用**＜ズオ ョン＞（働き）

菜点合一＜ツァイ ディエン ホオ イ＞（料理と点心が一緒になった）

刺激食欲＜ツ ジイ シィ ユイ＞（食欲を刺激する）

給人以較高的芸術享受＜ゲイ レン イ ジャオ ガオ ドオ イ シュウ シャン ショウ＞（比較的程度の高い芸術性を享受させる）

酒宜皆宜＜ジオウ イ ジェ イ＞（酒がよければ，すべてよし）

解暑止渇＜ジェ シュウ ヂイ コオ＞（暑さをしずめ，渇きを止める）

開胃助食佳肴＜カイ ウェイ ヂュウ シィ ジャ ヤオ＞（食欲を催すおいしい料理）

清涼潤喉＜チン リヤン ルゥン ホウ＞（清々しく，涼しく，のどを潤す）

無牙老人也能食用＜ウ ヤ ラオ レン イェ ノン シィ ョン＞（歯のないお年寄りでも食べられる）

有解熱利水功効＜イウ ジェ ルオ リイ ショエイ ゴン シャオ＞（解熱利尿の効き目がある）

(3) **食法**＜シィ ファ＞（食べ方）

臨食前澆汁＜リン シィ チエン ジャオ ヂイ＞，別有風味＜ピエ イウ フォン ウェイ＞（食べる前にたれをかけると，格別の風味がある）

趁熱取食＜チエン ルオ チュイ シィ＞（熱いうちに食べる）

現蒸現吃＜シェン ヂョン シェン チイ＞（蒸したてを食べる）

以醋蘸食＜イ ツッ ヂャン シィ＞，別有風味＜ピエ イウ フォン ウェイ＞（酢をつけて食べると独特の風味となる）

宜冷却後食用＜イ ロン チユエ ホウ シィ ョン＞（冷やして食べるのがよい）

原鍋上卓＜ユアン グオ シャン ヂュオ＞（鍋ごと食卓にのぼる）

(4) **評価**＜ピン ジャ＞

膾炙人口＜ホエイ ヂイ レン コウ＞（広く人々の口にのぼって，もてはやされた）

別饒風味＜ピエ ジャオ フォン ウェイ＞（他には見られない味）

素菜上品＜スゥ ツァイ シャン ピン＞（上等な精進料理）

相伝唐詩代人李白愛吃＜シャン ヂョワン タン シイ ダイ レン リィ ボオ アイ チイ＞（唐代詩人李白が愛したと伝えられる料理）

有水晶之称＜イウ ショエイ ジン ヂイ チョン＞（水晶のような美しさと言われる）

細緻花色菜＜シイ ヂイ ホワ スオ ツァイ＞（きめ細やかな模様の料理）

珍貴野味菜肴之一＜ヂェン ゴエイ イエ ウェイ ツァイ ヤオ ヂイ イ＞（珍重される野味料理のうちの1つ）

参考・引用文献

(1) 中山時子監修：『中国食文化事典』角川書店（1988）

(2) 顧中正：『中国料理百科理論と名菜譜抜萃600選』中国菜譜研究会（1970）

(3) 洪光住監修・田中静一編著：『中国食物事典』柴田書店（1991）

(4) 田中静一・小島麗逸・太田泰弘：『斉民要術』雄山閣（1997）

(5) 山崎郁子：『中医栄養学』第一出版（1988）

(6) 正岡慧子：『薬膳のすすめ』社会思想社（1993）

(7) 〃 ：『からだと薬膳』 〃 （1994）

(8) 〃 ：『くらしと薬膳』 〃 （1994）

(9) 追立久夫：『薬膳と健康料理1〜5』京都書院（1990）

(10) 忽思慧著・金世琳訳：『飲膳正要』八坂書房（1993）

(11) 千頭一生監修：『おいしい薬膳』あすか書房（1987）

索　　引

料　理　名

イ

イ ピンドウフゥ
一品豆腐 …………148

カ

カイコウシヤオ
開口笑 …………180
ガオリィシヤレン
高麗蝦仁 …………94
ガオリィシヤンジャオ
高麗香蕉 …………94
ガオリィジィビエン
高麗鶏片 …………94
ガオリィピングオ
高麗蘋果 …………94
ガオリィメイズ
高麗苺子 …………94
ガオリィユィティヤオ
高麗魚條 …………94
ガンシャオダアシヤ
乾燒大蝦 …………122
ガンシャオミンシヤ
乾燒明蝦 …………122
ガンビエンドンヌン
干煸冬筍 …………82
ガンビエンニュウロウス
乾煸牛肉絲 …………82

ク

グゥラオロウ
咕咾肉 …………106
グゥルウロウ
咕嚕肉 …………106
グオティエジヤオズ
鍋貼餃子 …………174

コ

コウモォドウフゥ
口蘑豆腐 …………114
ゴウチィズヂゥ
枸杞子粥 …………197
ゴェイホワシヤレン
桂花蝦仁 …………80
ゴワイウェイジィディン
怪味鶏丁 …………62
ゴンバオジィディン
宮保鶏丁 …………78

サ

サイシエホワン
賽蟹黄 …………84
サンシエンタン
三鮮湯 …………158
サンシェンヂョウ
三鮮粥 …………170
サンジヤチエユイ
三夾茄抉 …………96
サンスゥィティ
三絲魚翅 …………158

シ

シィジンシャオピン
什錦小拼 …………58
シィジンチャオファン
什錦炒飯 …………168
シィジンヂゥ
什錦粥 …………170
シエチェンダンジュアン
蟹粉蛋捲 …………92
シャオシエフェンジュアン
燒蟹粉捲 …………92
シャレントウスウ
蝦仁吐司 …………98
シャレンドウフゥ
蝦仁豆腐 …………86
シャロウヂョ
蝦肉粥 …………170
シャンイエンドウス
象眼多斯 …………98
シュジィ
燻鶏 …………68
シュンユィティヤオ
燻魚條 …………68
精進料理 …………130
ションチャオスゥシィジン
生炒素什錦 …………74
ションチャアダイズ
生炸帶子 …………98
ジィダンガオ
鶏蛋糕 …………186
ジィチホワンドウ
鶏翅黄豆 …………128
ジィヂョウ
鶏粥 …………170
ジィシュンユィ
即席燻魚 …………68
ジャオズ
餃子 …………174
ジャオマァジィ
椒麻鶏 …………62
ジュアンツァイバオニュウロウ
巻菜包牛肉 …………146
ジュアントンロウシエ
捲筒肉蟹 …………92
ジンチェンドゥグゥ
金錢冬菇 …………114
ジンチェンシヤビン
金錢蝦餅 …………100
ジンチェントウスウ
金錢吐司 …………98
ジンチェンロウ
金錢肉 …………100

ス

スゥタンツゥバイグゥ
素糖醋排骨 …………116
スンジュンチャオファン
松菌炒飯 …………168

ソ

ソワンニイバイロウ
蒜泥白肉 …………62
ゾンズ
粽子 …………172

タ

タンツゥリィユィ
糖醋鯉魚 …………108
タンツゥロウ
糖醋肉 …………106
タンツゥロウピエン
糖醋肉片 …………112
タンツゥワンズ
糖醋丸子 …………112
タンツゥワンタン
糖醋饂飩 …………112
ダンヂャンミエン
坦坦麵 …………166

チ

チャアシャオロウ
叉燒肉 …………66
チュンジュアン
春巻 …………182
チュンビン
春餅 …………188
チンジヤオニュウロウス
青椒牛肉絲 …………76
チンタン
清湯 …………152
チンタンイエンウオ
清湯燕窩 …………160
チンヂョンジィユィ
清蒸鯽魚 …………146
チンヂョンチンホワユィ
清蒸青花魚 …………146
チンヂョンルユィ
清蒸鱸魚 …………146
チンヂョンデイヤオユィ
清蒸鯛魚 …………146
チンヂョンユィ
清蒸魚 …………142
チンヂュンパイツァイ
清燉白菜 …………148
チンドウシヤレン
青豆蝦仁 …………80
チンドウジィディン
青豆鶏丁 …………80
ヂィバオシヤ
紙包蝦 …………96
ヂィバオジィ
紙包鶏 …………96
ヂィバオニュウロウ
紙包牛肉 …………96
ヂィマァユアンシャオ
芝麻元宵 …………180
ヂェンヂュウワンズ
真珠丸子 …………140
ヂャアシエフェンジュアン
炸蟹粉捲 …………92
ヂャアズジィ
炸子鶏 …………90
ヂャアヂィマァシヤ
炸芝麻蝦 …………98
ヂャアツァイロウピエンタン
搾菜肉片湯 …………154
ヂャンチャアヤァ
樟茶鴨 …………68
ヂョンツァイサアデイエン
蒸菜撤顛 …………146
ヂョンツァイヂョウ ダゥィ
蒸菜秋刀魚 …………146

ヂョンツァイバオロウ
蒸菜包肉 …………146
ヂョンドンボォロウ
蒸東坡肉 …………144

ツ

ツァンドウシヤレン
蛋豆蝦仁 …………80
ツァンドウソゥィ
蛋豆墨魚 …………80
ツゥリュウツゥユィ
醋溜鰡魚 …………108
ツゥリュウディアオユィ
醋溜鯛魚 …………108
ツゥリュウバンユィ
醋溜板魚 …………108
ツォンシャオハイシェン
葱燒海参 …………124
ツォンジャンハイシエンヂョウ
葱薑海鮮粥 …………197
ツォンバオガンビエン
葱爆肝片 …………82

ト

トウスウデイリイ
吐司地梨 …………98
トウスゥモゥユィ
吐司墨魚 …………98
ドウフゥワンズタン
豆腐丸子湯 …………156

ナ

ナイイウツァイホワ
奶油菜花 …………110
ナイイウバイツァイ
奶油白菜 …………110
ナイイウバオミィ
奶油包米 …………110
ナイタン
奶湯 …………152

ハ

ハアンヂャアシヤレン
輭炸蝦仁 …………102
ハオイウバオフゥ
蠔油鮑脯 …………110
バァスシャンヤオ
抜絲山薬 …………176
バァスシャンヂャオ
抜絲香蕉 …………176
バァスバイグオ
抜絲白菓 …………176
バァスバイシュ
抜絲白薯 …………176
バァスピングオ
抜絲苹果 …………176
バァスホンシュ
抜絲紅薯 …………176
バァスリィズ
抜絲栗子 …………176
バァバオファン
八宝飯 …………184
バイイウホンダン
白油烘蛋 …………100

索引（料理名）

バイタン 白湯 ……152
バイホワシェンダイズ 白花鮮帯子 ……102
バンバンジィ 棒棒鶏 ……62

フ

ファンチェダンホワタン 蕃茄蛋花湯 ……160
ファンチェニュウフ 蕃茄牛腩 ……136
フゥロンオヂゥ 芙蓉遙柱 ……80
フゥロンガンベイ 芙蓉干貝 ……80
フゥロンジェ 芙蓉蟹 ……80
フゥロンユィスン 芙蓉魚菘 ……80
フェンヂェンニュウロウ 粉蒸牛肉 ……146
ブォロガンピェン 波羅肝片 ……72

ホ

ホウズシャレン 盒子蝦仁 ……98
ホ タオヂィディン 核桃鶏丁 ……78
ホワジュアン 花巻 ……186
ホンイウジィピェン 紅油鶏片 ……62

ホンウェイルオボォ 紅煨蘿蔔 ……136
ホンシャオシィズ トウ 紅焼獅子頭 ……132
ホンシャオチェズ 紅焼茄子 ……130
ホンシャオニュウロウ 紅焼牛肉 ……136
ホンシャオユィチィ 紅焼魚翅 ……126
ホンメンフォンイ 紅燜鳳翼 ……120
ホンルオビン 紅蘿餅 ……96

マ

マァボォ ドウフゥ 麻姿豆腐 ……134
マントウ 饅頭 ……186

ミ

ミィディユアンシャオ 蜜汁元宵 ……180

ム

ムゥシィチャオファン 木犀炒飯 ……168
ムゥシロウ 木犀肉 ……86

ヤ

ヤオドウチャオジィディン 腰豆炒鶏丁 ……78
ヤンシャオ ゴ ファン 洋焼蛤方 ……102

ユ

ユィシャンチェズ 魚香茄子 ……84
ユィションヂョウ 魚生粥 ……170
ユィスンチャオファン 魚菘炒飯 ……168
ユィ ミィタン 玉米湯 ……156
ユィ ミィヂョウ 玉米粥 ……170

ラ

ラァディオウピェン 辣汁藕片 ……60
ラァディダトウツァイ 辣汁大頭菜 ……60
ラァディヤンチンツァイ 辣汁洋芹菜 ……60
ラァディ ルオボォ 辣汁蘿蔔 ……60
ラァバイツァイ 辣白菜 ……60
ラァバンジュアンツァイ 辣拌巻菜 ……60

リ

リィズ バイツァイ 栗子白菜 ……128
リャンバイホワングゥ 涼拍黄瓜 ……64
リヤンバンイウユィ 涼拌鱿魚 ……64
リヤンバンハイヂョオ 涼拌海蜇 ……60
リヤンバンミェン 涼拌麺 ……164

ル

ルゥナイドウフゥ 乳奶豆腐 ……178
ルオハンヂャイ 羅漢斎 ……130
ルオボォスゥロウタン 蘿蔔酥肉湯 ……154

ロ

ロウガンヂョウ 肉肝粥 ……170
ロウディンチャオファン 肉丁炒飯 ……168
ロワンヂァ モ ユィ 軟炸墨魚 ……102
ロワンリュウワンズ 軟溜丸子 ……112

調理用語

イ

イウファ 油発 ……40
イェン 塩 ……30
イェンウオ 燕窩 ……158
イェンシィ 筵席 ……55
イェンファ 塩発 ……40
陰陽学説 ……192

ウ

ウェイ 煨 ……50
ウェイファイ 煨菜 ……118
ウェイミィォシェ 味描写 ……207
ウェンツァイ 温菜 ……55
ウェンドゥ 温度 ……207
ウ シャンフェン 五香粉 ……35

カ

カオ 烤 ……51
かきソース ……110
かゆ ……170

ガン 乾 ……51
ガンフォ 乾貨 ……40

キ

基本味 ……206

ク

グオズ 鍋子 ……38
グオティエ 鍋貼 ……48
くらげ ……58

コ

コウ 扣 ……50
香辛料 ……31
粉寒天 ……178
米の粉 ……146
衣の種類 ……44
コワイ 塊 ……43
献立構成 ……198
ゴウチィ 枸杞 ……35, 197

ゴウチェン 勾芡 ……52
五行学説 ……192
ガワフゥ 掛糊 ……44

サ

砂糖漬の果物 ……184
ザオ 糟 ……30

シ

シィファ 食法 ……211
シィホワンジン 食環境 ……210
ジェフェン 蟹粉 ……92
シャオ 焼 ……49
シャオ チ 小吃 ……162
シャオ ツァイ 焼菜 ……118
シャンジャン 上漿 ……44
シャンミォシェ 香描写 ……208
ジュン 燻 ……51
精進料理 ……74, 130
ショエイジャオ 水餃 ……174
食品構成 ……203

食味構成 ……203
食(薬)物と五性 ……192
食(薬)物と五味 ……193
白玉粉 ……180
シンタイ 形態 ……209
シンチョン 形成 ……45
シンレンショワン 杏仁霜 ……178
ジェン 煎 ……48
ジィマァジャン 芝麻醤 ……30
ジャオリュウ 焦溜 ……106
ジャン 薑 ……33
ジン スイエン 金絲燕 ……160

ス

ス 絲 ……42
スゥツァイ 素菜 ……74
スオズオ 色沢 ……209
ズィエンショクタン 随園食単 ……16
ズオヨン 作用 ……210

ソ

蒜（ソワン）……33

タ

帯骨（タイグウ）……90
体質（証）の弁別……194
糖（タン）……30
湯菜（タンツァイ）……150
刀（ダオ）……37

チ

炒（チャオ）……47
炒菜（チャオツァイ）……70, 71
中華麺……166
中国野菜……25
調味料……30
調理器具……37
青絲（チンス）……184
製湯（ディタン）……46
紙包炸（ディパオヂャア）……96
珍球米（ヂェンヂウミィ）……156
炸（ヂャア）……48
炸菜（ヂャアツァイ）……88
搾菜（ヂャアツァイ）……154
炸鏈（ヂャアリエン）……39
煮（ヂュウ）……49
蒸（ヂョン）……50
蒸菜（ヂョンツァイ）……138
蒸餃（ヂョンジャオ）……174
蒸籠（ヂョンロン）……38

ツ

余（ツォワン）……49

テ

鉄勺（ティエシャオ）……38

鉄鏟（ティエチャン）……38
甜菜（ティエンツァイ）……162
甜麺醤（ティエンミエンジャン）……30
條（ティヤオ）……42
調味（ティヤオウェイ）……45
点心（ディエンシン）……162
質地（デイデイ）……207
丁（ディン）……42
丁香（ディンシャン）……32

ト

特殊材料……27, 40
豆瓣醤（ドウバンジャン）……30
豆腐乳（ドウフウルゥ）……30
豆豉（ドウチイ）……30
燉（ドゥン）……50
燉子（ドゥンズ）……37
凍（ドン）……53

ハ

海参（ハイシェン）……124
蠔油（ハオイウ）……110
八角（バァジャオ）……31
抜絲（バァス）……53, 176
白焼（バイシャオ）……126
爆（バオ）……48
包米（バオミィ）……156
拌（バン）……53
排骨（バイグゥ）……116
炮（バオ）……51
泡油（バオイウ）……46

ヒ

ピータン……58
片（ピエン）……42
評価（ピンジャ）……211
拼盤（ピンパン）……57

フ

胡椒（フゥジャオ）……32
芙蓉（フゥロン）……80
粉蒸（フェンヂョン）……146
鳳翼（フォンイ）……120
複合味……206
波羅（ブォルォ）……72

ヘ

焙（ベイ）……51

ホ

包丁……37
包丁法……41
燴（ホェイ）……49
茴香（ホェイシャン）……31
燴菜（ホェイツァイ）……104
花椒（ホワジャオ）……33
黄焼（ホワンシャオ）……126
黄醤（ホワンジャン）……30
紅焼（ホンシャオ）……126
紅絲（ホンス）……184
膨化……186

マ

まな板……37

ミ

麺杖（ミエンヂャン）……39
麺板（ミエンバン）……39
水溶き片栗粉……36

メ

燜（メン）……50

モ

もち米……140, 172, 184

ヤ

薬膳……191
飲茶（ヤムチャ）……162

ユ

魚香（ユィシャン）……84
魚翅（ユィチィ）……126, 158
玉米（ユィミィ）……156

ラ

辣油（ラァイウ）……60
辣椒（ラァジャオ）……34
烙（ラオ）……51

リ

涼（リヤン）……53
涼菜（リヤンツァイ）……55
溜（リュウ）……52
溜菜（リュウツァイ）……104

ル

滷水（ルウスイ）……56

レ

類香（レイシャン）……207

ロ

肉桂（ロウゴェイ）……31
漏勺（ロウシャオ）……38
漏鏢（ロウビァン）……38
冷菜（ロンツァイ）……55
冷盆（ロンパン）……57

ワ

碗献（ワンシェン）……45

〔編著者〕

川 端 晶 子（かわばた　あきこ）　　東京農業大学名誉教授，故人
澤 山 　茂（さわやま　しげる）　　実践女子大学

〔著　者〕

永 島 伸 浩（ながしま　のぶひろ）　武蔵丘短期大学名誉教授
阿久澤さゆり（あくざわ　さゆり）　東京農業大学
鈴 野 弘 子（すずの　ひろこ）　　東京農業大学

応用自在な調理の基礎　中国料理篇

1998年（平成10年）11月20日　　初版発行～第10刷〔家政教育社発行〕
2022年（令和4年）11月30日　　第13刷発行

編著者　川 端 晶 子
　　　　澤 山 　茂
発行者　筑 紫 和 男
発行所　株式会社 建 帛 社
　　　　　　　　 KENPAKUSHA

〒 112-0011　東京都文京区千石4丁目2番15号
TEL （03）3944-2611
FAX （03）3946-4377
https://www.kenpakusha.co.jp/

ISBN 978-4-7679-0631-7　C3077　　　　信每書籍印刷／田部井手帳
Ⓒ川端・澤山ほか，2018.　　　　　　　　　　Printed in Japan
（定価はカバーに表示してあります）

本書の複製権・翻訳権・上映権・公衆送信権等は株式会社建帛社が保有します。
JCOPY 〈出版者著作権管理機構　委託出版物〉
本書の無断複製は著作権法上での例外を除き禁じられています。複製される
場合は，そのつど事前に，出版者著作権管理機構（TEL03-5244-5088，
FAX03-5244-5089，e-mail：info@jcopy.or.jp）の許諾を得て下さい。